Liebe Leserinnen, liebe Leser!

Der Fotograf Kay Maeritz hat zahlreiche Bildbände, Magazine, Kataloge und Kalender bebildert. Der Thüringer Wald gehört zur Nachbarschaft seiner hessischen Heimat.

Oliver Gerhard lebt als freier Journalist in Berlin. Den Thüringer Wald bereist er seit vielen Jahren. Auch bei der Recherche zu diesem Band entdeckte er wieder viel Neues.

Beim Thüringer Wald denkt man unweigerlich an den Rennsteig, jenen berühmten Fernwanderweg über die Bergkämme. Er steht bis heute für den Naturreichtum der Region, für weite Wälder, Berge mit tief eingeschnittenen Tälern, Wasserfälle und sprudelnde Bäche. Schon Goethe und Schiller wandelten durch die grandiose Landschaft. Johann Sebastian Bach wirkte hier, und Luther weilte auf der Wartburg, wo er mit der Übersetzung des Neuen Testaments Geschichte schrieb.

Doch so idyllisch das Mittelgebirge heute wirkt – die Menschen hatten früher auch ihre Mühe mit der rauen Natur, die kaum Landwirtschaft erlaubt: In Knochenarbeit trotzten sie den Bergen ihre Bodenschätze ab, sammelten Kräuter und Beeren und perfektionierten Handwerkstechniken zur Herstellung von Spielzeug und Weihnachtsschmuck, Schieferdächern und -griffeln, Glas und Porzellan. In vielen Werkstätten und Ateliers lässt sich die kunstfertige Arbeitsweise nach wie vor bewundern.

Die Produkte des Handwerks waren in den Fürstentümern sehr begehrt. Aufgrund der Thüringer Kleinstaaterei stößt man alle paar Kilometer auf prächtige Schlösser, Burgen, Landschaftsgärten und Kirchen. Die Landesherren investierten ihren Reichtum nicht nur in Architektur, sondern auch in Malerei, Theater und Literatur. Zahlreiche bedeutende Kunstsammlungen und eine reiche Theatertradition wie in Meiningen zeugen davon.

Viel Freude bei Entdeckungen auf den Bergen und in den Tälern wünscht

Ihr HB-Bildatlas-Team

Rudolstadt war eine der vielen Residenzen Thüringens – und birgt noch diverse Erinnerungen an fürstliche Zeiten.

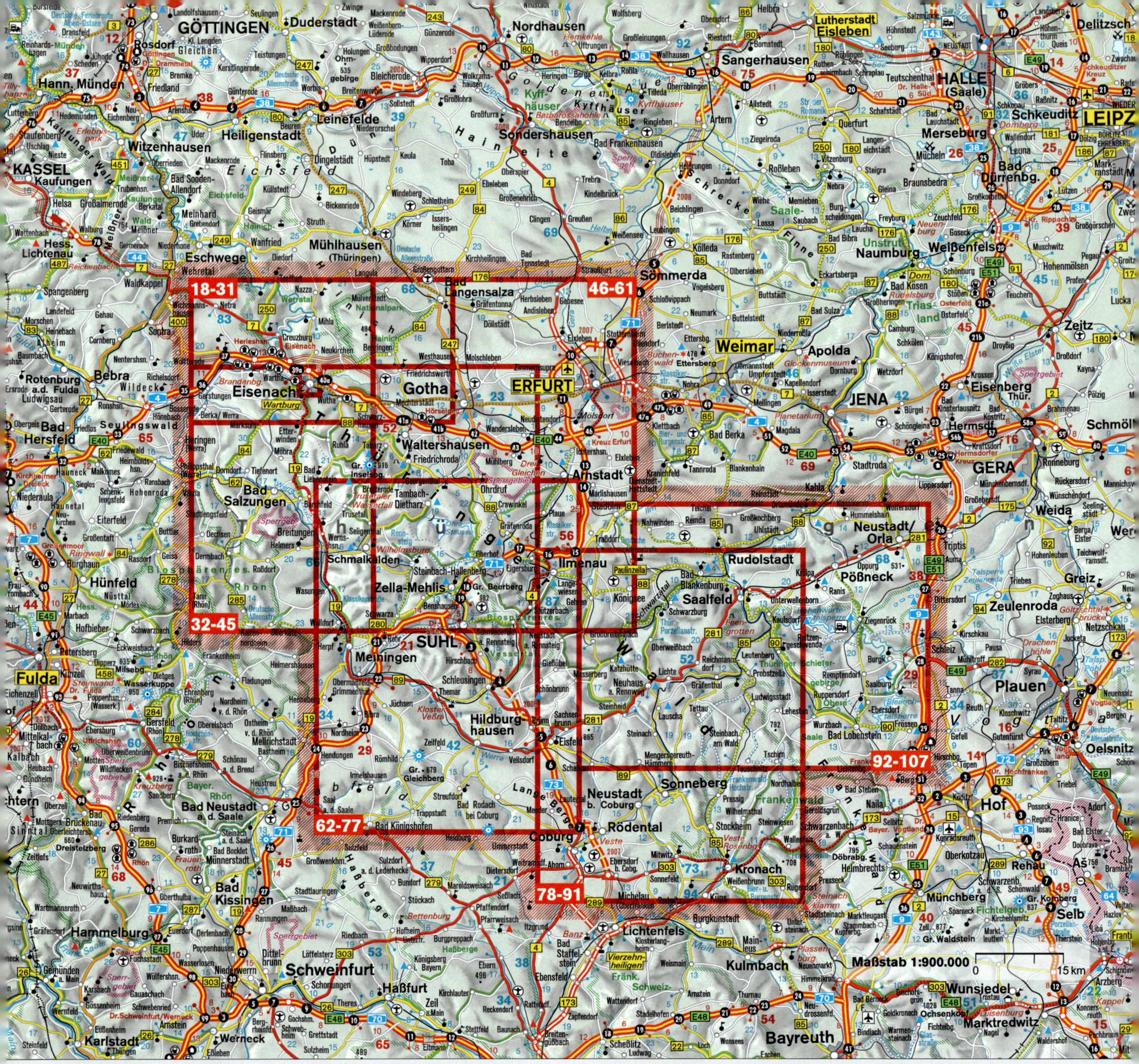

Der Thüringer Wald bietet vielfältige Ansichten: Historie in Eisenachs Wartburg, Bergeroberungen am Falkenstein, tiefe Natur an der Ebertswiese, feudale Pracht auf Schloss Burgk, Winterfreuden am Inselsberg und trutzige Architektur bei Schleusingens Bertholdsburg.

Im Schatten der Wartburg

Eisenach machte schon immer von sich reden, nicht nur weil Luther, Bach und Wagner hier nachhaltig ihre Spuren hinterließen. In jüngerer Zeit schrieb die Stadt in der Mitte Deutschlands Automobilgeschichte. Die Wartburg als

Wie wohl keine andere Sehenswürdigkeit spiegelt die Wartburg die Geschichte des Thüringer Waldes

Naturfreunden bietet der Thüringer Wald am Wegesrand viele Überraschungen

Besuchen Sie uns im Internet:
www.hb-verlag.de

Inhalt

TOP ZIEL – BESONDERS SEHENSWERT

Traditionsreicher Besuchermagnet

Schon im 19. Jahrhundert pilgerten die ersten Touristen in den Thüringer Wald, inspiriert von den Naturbeschreibungen zeitgenössischer Autoren. Zur gleichen Zeit rekonstruierte man auch ein Bauwerk, das vorher in Trümmern lag: die Wartburg. Heute gilt sie als Paradebeispiel mittelalterlicher Baukunst.

Sportlich durch die Berge

Wie eine Ameise wirkt die Bergsteigerin angesichts des mächtigen Falkensteins. Der Thüringer Wald ist mehr als nur Wanderziel: Der berühmte Rennsteig lässt sich inzwischen auch per Fahrrad erobern. Klettern, Baden, Skaten und selbst ausgefallene Aktivitäten wie Rafting oder Gold schürfen sind möglich.

Geschützte Naturräume

Ein Bach plätschert unter Tannen und Fichten, dann strömt er ins Sonnenlicht, wo ihn leuchtende Blumenwiesen erwarten. Immer wieder stößt man beim Wandern auf einsame Plätze. Zahlreiche seltene Pflanzenarten gedeihen in dem geschützten Freiraum, wie hier nahe der Ebertswiese.

Sammler aus Leidenschaft

Politisch rangierten die Fürstentümer Thüringens nie an vorderster Stelle. Umso mehr engagierten sie sich für Kunst und Kultur. Die Landesherren sammelten Gemälde, Skulpturen, Glas und Porzellan. Baumeister aus ganz Europa wirkten an Burgen und Schlössern. Ein Paradebeispiel ist Schloss Burgk mit seiner barocken Kapelle.

Schneespaß für Jung und Alt

Ein tierisches Vergnügen bereitet der Winter den Besuchern des Thüringer Waldes. Der Rennsteig verwandelt sich dann in eine der längsten Loipen Europas, und Abfahrtsläufer preschen über die Pisten in den Kammlagen. In Oberhof kann man bei zahlreichen Wintersport-Veranstaltungen dabei sein.

Erbe der Kleinstaaten

Erst im Mittelalter nahmen Menschen den Thüringer Wald in Besitz und schürften nach Bodenschätzen. Adelige Herrschaften wie die von Schwarzburg, Reuß oder Gotha teilten das Land in eine fast unüberschaubare Zahl von Kleinstaaten. Allerdings verzichtete kein Landesherr auf eine repräsentative Residenz, so auch nicht die Henneberger auf Schloss Bertholdsburg in Schleusingen.

Im Schatten der Wartburg

Sie ist ein deutsches Wahrzeichen: Jeder Stein der Wartburg atmet Geschichte. Hier engagierte sich die heilige Elisabeth für die Armen. Martin Luther brütete in einer winzigen Stube über dem Neuen Testament. Und in Eisenach, der ›Pforte zum Thüringer Wald‹ zu ihren Füßen, stößt man auf die Spuren berühmter Künstler und entdeckt architektonische Kleinode, die wieder in neuem Glanz erstrahlen.

Beim alljährlichen Lutherfest kommt mittelalterliches Lebensgefühl auf.

▲ *Er predigt wieder: Luther auf ›seinem‹ Fest*

▲ *Der hl. Georg auf dem Markt*

▼ *In der Eisenacher Georgenkirche wurde auch Bach getauft*

Hütet euch vor den Fuhrleuten‹, sagt die junge Frau in roter Haube und samtenem Kleid und geleitet ihre Gästeschar durch den Eisenacher Straßenverkehr. Immer wieder bleiben Blicke an ihrer mittelalterlichen Bekleidung hängen. ›Mein Hochzeitsgewand‹, sagt sie dann voller Stolz. Redegewandt verkörpert die Darstellerin einer historischen Führung Katharina von Bora, die Ehefrau Martin Luthers. Auf dem großen Markt erweckt sie das Bild Eisenachs, wie Luther es erlebt haben könnte: als ein quirliges Zentrum entlang der Handelsstraße von Frankfurt nach Leipzig. 1498 kam Martin Luther 15-jährig zum ersten Mal nach Eisenach, um dort die Lateinschule von St. Georgen zu besuchen. Er lebte zunächst von Almosen, für die er geistliche Lieder sang, bis er im Haus der Familie Cotta aufgenommen wurde, dem heutigen Lutherhaus.

▼ Blick aus dem Lutherhaus

▼ Am Karlsplatz stehen Nikolaitor und Nikolaikirche

▼ 1868 zog Fritz Reuter in sein neues Eisenacher Haus

Auf Luthers Spuren

Luthers wichtigster Aufenthalt in seiner ›lieben Stadt‹ stand unter einem anderen Stern: Geächtet unter dem Bann des Wormser Ediktes, ›entführten‹ ihn 1521 Soldaten des Kurfürsten Friedrichs des Weisen und brachten ihn zu seinem Schutz auf die Wartburg. Innerhalb von nur zehn Wochen übertrug er in der Abgeschiedenheit das Neue Testament ins Deutsche. Ein Akt von immenser Bedeutung, mit der er die Inhalte der Bibel jedermann zugänglich machte und gleichzeitig die Entwicklung der hochdeutschen Sprache entscheidend förderte. ›Und vier Jahre später haben wir geheiratet‹, sagt Katharina von Bora.

Verehrer des Reformators aus aller Welt pilgern heute auf die Wartburg, die wie kaum eine andere dem klassischen Bild einer mittelalterlichen Burg entspricht: ein trutziger Bergfried, wehrhafte Zinnen, prunkvolle Säle, Burggraben und Zugbrücke. Besonders an kalten Wintertagen kann man sich ausmalen, wie sich Luther in der Einsamkeit gefühlt haben muss – bis hin zu Gefühlsausbrüchen wie dem berühmten Wurf mit dem Tintenfass, um den Teufel zu vertreiben.

Heilige Burgfrau

Legendenumwoben wie Luthers Aufenthalt ist die Geschichte der ungarischen Königstochter Elisabeth, die 1211 als Vier-

▲ Als Autorennen noch Herrensport waren: Automobile Welt Eisenach

▼ Thüringer Bratwürste – in Eisenach alltäglich

▲ Zum Mittelaltermarkt gehören eine ›Bruwerey‹ ...

▼ ›Filia Irata‹ beim Lutherfest

▼ ... und natürlich Gaukler

▲ Zu den Höhepunkten des Eisenacher Lutherfestes ... ▼ ... zählen die Ritterturniere

jährige mit dem zukünftigen Landgrafen von Thüringen verlobt wurde. Mit ihrer Hilfsbereitschaft für Arme und Kranke gewann sie zwar die Herzen der Menschen, zog sich jedoch den Unwillen der Familie zu. Davon erzählt die Rosenwunder-Legende, von Moritz von Schwind in einem Fresko auf der Wartburg verewigt: Darauf begegnet Ludwig seiner Frau, die in einem Korb Brot zu den Armen tragen will, und stellt sie zur Rede. Sie antwortet ihm, dass sie nur Rosen trage. Als er den Deckel hebt, findet er tatsächlich frische Rosen – eine wundersame Verwandlung. Trotzdem, die Ehe soll sehr glücklich gewesen sein, jedoch nur von kurzer Dauer: Ludwig IV. wurde auf einem Kreuzzug dahingerafft. Elisabeth verließ die Wartburg unter dem Druck der Familie und setzte ihr wohltätiges Werk in Marburg fort, wo sie 24-jährig starb. Wenige Jahre später wurde sie heiliggesprochen.

SPECIAL

Ein ›Leben‹ für die Musik

Weder Ruhm noch Ehre noch Geld standen im Vordergrund, als sich im Jahr 1206 sechs Sänger und Dichter auf der Wartburg zu einem Wettstreit trafen, unter ihnen Wolfram von Eschenbach und Walther von der Vogelweide. Die Legende erzählt, dass die Künstler sprichwörtlich ›um ihr Leben sangen‹, als sie vor Hermann I. traten – auf den Sänger des schlechtesten Liedes wartete der Henker. Während die anderen Teilnehmer Oden an ihren Gastgeber zum Besten gaben, versuchte es der österreichische Heinrich von Ofterdingen mit einem Loblied auf seinen eigenen Herrn. Er verlor. Der ungarische Magier Klingsor schlichtete jedoch und rettete von Ofterdingen das Leben. Im Sängerkriegsfresko Moritz von Schwinds auf der Wartburg findet man erstaunliche Details: Der Künstler verewigte darin auch Personen seiner Zeit wie Franz Liszt und seinen Auftraggeber Großherzog Carl Alexander.

Steinerne Geschmacklosigkeiten

Blickt man vom Südturm der Burg in Richtung Eisenach, fallen prunkvolle Gebäude ins Auge. ›Ist das prächtig‹, finden viele Besucher angesichts der Prediger-, Kartäuser- und Marienhöhe. ›Reichlich protzig‹, lästerten die Eisenacher zeitweise über die

▼ *Erinnerung an eine Heilige: Elisabethkemenate* ▲ *Palas, Bergfried und Gadem: Blick vom Südturm der Wartburg* ▼ *Die Burg auf dem Wartberg*

Gründerzeithäuser und nannten sie ›versteinerte Geschmacklosigkeiten‹. Zumindest prallten hier viele Geschmäcker aufeinander, die sich in allen Spielarten des Jugendstils und Historismus austobten: kleine Wartburgen mit Türmen und Zinnen, italienische Landhäuser, Fachwerkvillen und Schweizer Berghütten, englische Castles, Paläste der hellenistischen Renaissance ... Und zu jedem Haus gibt es Geschichten zu erzählen: von der Zirkusartistin, die sich nach dem Karriereende in die Villa Loisett zurückzog, von der einst streng bewachten ›Stasivilla‹ oder von dem betuchten Maurermeister, der sein Faible für Felsen und Grotten in der Villa Felseneck auslebte.

SPECIAL

Opernreife Begegnung

Die Inspiration kam auf der Durchreise: Auf dem Weg von Paris nach Dresden erblickte Richard Wagner im April 1842 zum ersten Mal die Wartburg. ›Einen wirklichen Lichtblick‹ nannte er den Vorfall später. Auf der weiteren Fahrt, vorbei am sagenumwobenen Hörselberg, küsste ihn die Muse und soufflierte ihm den dritten Akt seiner Oper ›Tannhäuser‹. Die Wartburg ist darin Schauplatz für die Vermischung spätmittelalterlicher Sagen wie der vom Ritter Tannhäuser, der für seinen Aufenthalt im Reich der Liebesgöttin die Vergebung der Kirche suchte. Erst sieben Jahre nach seinem Erlebnis betrat der Meister die Festung zum ersten Mal. Die Stadt dankte ihm seine Hommage mit einem eigenen Museum – nach Bayreuth die umfangreichste Sammlung über den Komponisten, die ein begeisterter Fan noch zu Lebzeiten Wagners zusammenstellte.

Die meisten der Bauten entstanden in der zweiten Hälfte des 19. Jahrhunderts, als reiche Fabrikanten, Pensionäre und Urlaubsfrischler nach Eisenach strömten. Nicht nur die zentrale Lage und die unberührte Natur machten die Stadt attraktiv, auch die wiederhergestellte Wartburg zeigte Sogwirkung. Die meisten der rund 400 Häuser überstanden den Krieg nahezu unbeschadet. Der morbide Vorwendecharme ist neuer Herrlichkeit gewichen. So kann das Gesamtensemble zu Recht als architektonische Glanzleistung bezeichnet werden.

▼ Hier warf Luther sein legendäres Tintenfass: Lutherstube

▼ Stilistische Vielfalt: Marienhöhe

▲ Creuzburg: Werrabrücke … ▼ … und namengebende Burg

▲ Im Hainich: hinauf in die Baumkronen ▼ Ruine Brandenburg bei Herleshausen

▲ Weit geht der Blick vom Baumkronenpfad im Hainich

▼ Tief in der Drachenschlucht

Wartburg auf Rädern

Manche der Villen war Heimstatt erfolgreicher Unternehmer – Eisenach und der Name Wartburg stehen auch für ein Kapitel Autogeschichte. Während Westdeutsche den ›Wartburg‹ meist nur von einstigen Transitstrecken kennen, war er in der DDR ein Prestigeobjekt. Dabei begann die Geschichte der Automobilproduktion bereits 1896. Zwei Jahre später rollten die ersten Wartburg-Motorwagen und machten Eisenach zum Standort von Deutschlands drittem, in Serie produzierendem Automobilproduzenten – nach Daimler und Benz. Nach 1933 liefen hier sportliche BMW- (später EMW-) Sechszylinder vom Band. 1953 war damit Schluss, man stellte auf den Zweitaktmotor um. Der ›Wartburg‹ wurde rund 1,7 Millionen Mal produziert, exportiert in über 50 Länder. Ein Jahr vor der Wende gab die sozialistische Planwirtschaft grünes Licht für ein konkurrenzfähigeres Modell mit Viertakt-Motor. Zu spät – drei Jahre später verließ das letzte Fahrzeug das Werk. ›Die Männer nahmen es mit Tränen in den Augen auf‹, erinnert sich ein Arbeiter. Dennoch prägt die Autobranche das wirtschaftliche Leben: In einem der modernsten Werke Deutschlands produziert Opel, und BMW ist als Zulieferer zurückgekehrt – ein Tropfen auf den heißen Stein, denn zu viele Jobs gingen nach der Wende verloren.

Deutscher Urwald

Egal ob Wartburg, Opel oder BMW – wenige Fahrtminuten trennen Eisenach vom Urwald: Umgestürzte, bemooste Baumriesen prägen die Kernzone des Nationalparks Hainich. Zu DDR-Zeiten probten hier Ostblocksoldaten den Krieg. ›Dank der Übungsplätze blieben Teile des Waldes mehr als fünfzig Jahre lang unberührt‹, erzählt ein Parkranger – eine kleine Enklave für bedrohte Arten. Wildkatzen haben überlebt, und über tausend Pilzarten wurden gezählt. Wie es oben in den Bäumen aussieht, blieb dagegen ein Geheimnis. Doch jetzt können Naturfreunde auf einem Baumkronenpfad in die Wipfel vordringen. Unterwegs trifft man Schmetterlinge, Käfer und Fledermäuse. Eisenach liegt eben im grünen Herzen Deutschlands.

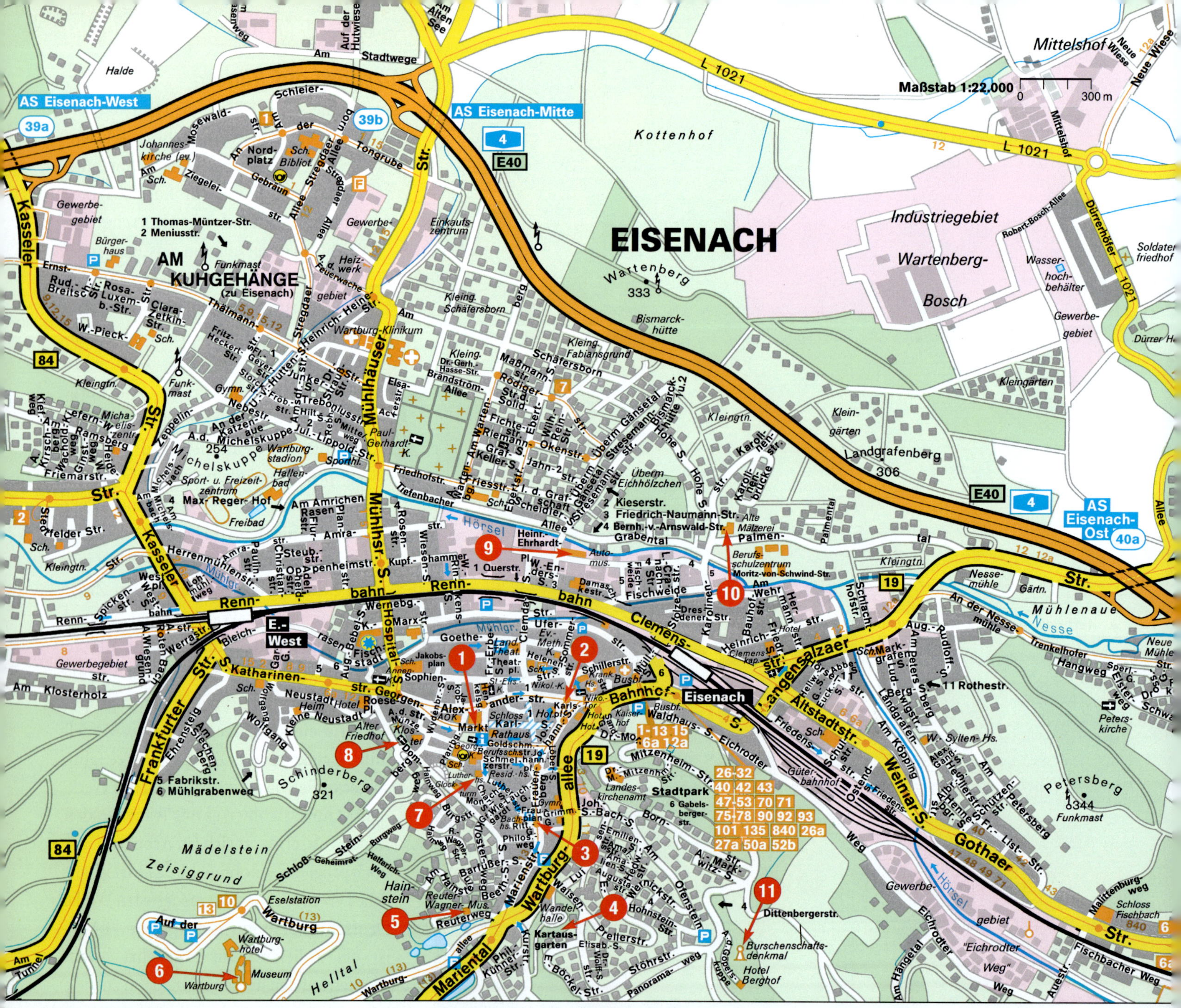

EISENACH
Maßstab 1:22.000
0
300 m
AS Eisenach-West
AS Eisenach-Mitte
AS Eisenach-Ost
39a
39b
40a
E40
4
L 1021
Mittelshof
Kottenhof
Industriegebiet
Wartenberg-
Bosch
Wartenberg
333
Bismarck-
hütte
Landgrafenberg
306
AM
KUHGEHÄNGE
(zu Eisenach)
1 Thomas-Müntzer-Str.
2 Meniusstr.
Michelskuppe
254
Wartburg-Klinikum
Mühlhäuser Str.
Kasseler Str.
Frankfurter Str.
Langensalzaer Str.
Gothaer Str.
Clemens-
Bahnhof
E.-West
Eisenach
Hörsel
Nesse
Mühlenaue
Schinderberg
321
Mädelstein
Zeisiggrund
Wartburg
Museum
Helltal
Marienthal
Wartburgallee
Petersberg
344
Funkmast
Burschenschafts-
denkmal
Hotel
Berghof
Stadtpark
5 Fabrikstr.
6 Mühlgrabenweg
1 Kieserstr.
2 Friedrich-Naumann-Str.
3 Bernh.-v.-Arnswald-Str.
4 Grabental
11 Rothestr.
4 Dittenbergerstr.
Katharinen-
Georgen-
Markt
Karl-
Rathaus
Schloss
Luther-
haus
Bach-
haus
1
2
3
4
5
6
7
8
9
10
11
84
19
26-32
40 42 43
47-53 70 71
75-78 90 92 93
101 135 840 26a
27a 50a 52b
1-13 15
6a 12a

Maßstab 1:200.000
0
3 km
EISENACH
CREUZBURG
BAD
LANGENSALZA
Nationalpark Hainich
Ringgau
Hörselberg
Herleshausen
Gerstungen
Mihla
Wutha
Farnroda
Berka
Behringen
Tüngeda
Sonneborn
Mechterstädt
Mülverstedt
Schönstedt
Weberstedt
Craula
Reichenbach
Wolfsbehringen
Bruheim
Friedrichswerth
Weingarten
Kraut-
hausen
Neukirchen
Stregda
Mittelshof
Stockhausen
Fischbach
Ruhla
Frankenroda
Ebenshausen
Lauterbach
Bischofroda
Falken
Nazza
Kammerforst
Weißenborn
Röhrda
Netra
Ifta
Unhausen
Wommen
Deutsche Fachwerkstraße
Erlebnisstraße der deutschen Einheit
Deutsche Alleenstraße
Unkeroda
Wolfsburg
Lauchröden
Dippach
HORSCHLITT
12
13
14
15
42

Infos

Schmaler geht es nicht: Eisenachs Schmales Haus am Johannisplatz 9

Geschichte und Allgemeines

›Wart! Berg, du sollst mir eine Burg werden‹, soll Ludwig der Springer 1067 ausgerufen haben, als er während der Jagd auf einen 400 m hohen Felsen gelangte. Berg und Burg – diese wurde bald darauf errichtet – tragen seitdem ihren Namen. Im Schatten der Burg entwickelte sich Eisenach, das 1189 erstmals erwähnt wurde. Bis ins 13. Jh. dominierte hier das Landgrafengeschlecht der Ludowinger. 1521 übersetzte Luther auf der Wartburg das Neue Testament aus dem Griechischen in die deutsche Schriftsprache. 1685 wurde Johann Sebastian Bach in Eisenach geboren. Als Residenz (ab 1672) entwickelte sich die Stadt im 18. und 19. Jh. zu einem kulturellen Anziehungspunkt. 1817 traf sich die deutsche Burschenschaft zum Wartburgfest, bei dem umfassende Freiheitsrechte und ein einiges Deutschland gefordert wurden. In der zweiten Hälfte des 19. Jh. setzte ein wirtschaftlicher Aufschwung ein, und Eisenach entwickelte sich zu einem bedeutenden Automobilstandort.

ⓘ Tourist-Information, Markt 9,
99817 Eisenach, Tel. 03691/79230,
Fax 03691/792320, www.eisenach.info

Sehenswürdigkeiten

Um den Markt ❶: Vorbei an der **Alten Residenz** (16. Jh.) und dem darin integrierten Creutznacher Haus eines reichen Kaufmanns erreicht man die **Georgenkirche** (Urspr. 12. Jh). Die hl. Elisabeth wurde in ihr vermählt, Martin Luther predigte hier, und Johann Sebastian Bach wurde hier getauft – der Taufstein ist noch zu sehen. Mitglieder der Bachfamilie waren in St. Georgen 132 Jahre lang als Organisten tätig (tgl. 10.00 bis 12.00 und 14.00–16.00 Uhr). Das **Rathaus** der Stadt zog 1596 in das Renaissancegebäude über einem ehem. Weinkeller. Gegenüber befindet sich das spätbarocke **Stadtschloss** aus dem 18. Jh. (heute Thüringer Museum).

Karlsplatz ❷: Als letztes von einst fünf Stadttoren Eisenachs ist das um 1170 erbaute **Nikolaitor** erhalten geblieben; im Mittelalter diente es dem Durchgangsverkehr auf der Handelsstraße von Frankfurt/Main nach Polen. Aus gleicher Zeit stammt die angrenzende **Nikolaikirche**, als Klosterkirche für Benediktinerinnen errichtet; in der dreischiffigen romanischen Basilika ist ein spätgotischer Altar aus dem 16. Jh. zu sehen. Beim Überqueren des dreieckigen Karlsplatzes passiert man ein **Lutherdenkmal** (1895). Unter den historischen Gebäuden der umliegenden Straßen sticht ein nur 2,05 m breites Bauwerk hervor, wohl das schmalste Fachwerkhaus Deutschlands (Johannisplatz 9).

Frauenplan ❸: Der Bildhauer Adolf von Donndorf schuf das **Bachdenkmal** (1884) am Weg zur Wartburg. Das **Bachhaus** (um 1400) ist entgegen ursprünglicher Annahmen nicht das Geburtshaus des Komponisten.

Am Altstadtrand: Das **Predigerkloster ❽** wurde 1240 zu Ehren der hl. Elisabeth geweiht; die verbliebenen Klosterräume beherbergen das Martin-Luther-Gymnasium, in dessen Vorgänger-Institutionen schon Luther und Bach Latein büffelten. Neben der Schule versteckt sich das Haus der **Alten Münze**, in dem zeitweilig Johann Christoph Bach lebte. Auf dem **Alten Friedhof** findet man neben Resten der **Stadtmauer** einen Gedenkstein für hier begrabene Mitglieder der Familie Bach. Das **Teezimmer** (1825), ein Salon im Gärtnerhaus des Kartausgartens ❹, zeigt französische Tapetetenbilder mit dem Thema des Mythos ›Amor und Psyche‹ (Waisenstraße, Tel. 03691/743293; n. Vereinb.). In Sichtweite befindet sich die **Wandelhalle**, mit der man vor gut 100 Jahren den Grundstein für einen florierenden Kurbetrieb legen wollte (www.wandelhalle-eisenach.de). Auf der Göpelskuppe ragt das **Burschenschaftsdenkmal ⓫** empor; das 33 m hohe Monument, 1902 eingeweiht, wurde den um 1815 entstandenen Burschenschaften gewidmet (An der Göpelskuppe 1; tgl. 10.00–18.00 Uhr).

Wartburg ❻: TOP ZIEL Seit ihrer legendären Gründung 1067 erlebte die Wartburg Verfall, Umbauten und Erweiterungen. Im 12. Jh. entstand der repräsentative spätromanische Palas. Auch Teile der Außenmauern und des Torhauses blieben aus jener Epoche erhalten. Nach einem Brand im 14. Jh. entstand der Südturm. Fachwerkelemente kennzeichnen Erweiterungen des 15. Jh. wie das Ritterhaus. Im 18. Jh. verfiel die Wartburg zur Ruine. Nach 1853 wurde sie durch den Weimarer Großherzog Carl Alexander neu errichtet und die mittelalterliche Substanz dabei durch historisierende und romantisierende Neubauten ergänzt, darunter ein neuer Bergfried und der Festsaal des Palas. 1999 wurde die Wartburg zum Unesco-Welterbe erklärt.
Der Besucher erreicht über die Zugbrücke zunächst die Vorburg mit geschlossenen Wehrgängen und dem Ritterhaus, in dem sich vermutlich einst Wächter und Bedienstete aufhielten. Hier befindet sich auch die Vogtei mit der berühmten Lutherstube. Anschließend erstreckt sich der mittlere Gebäudekomplex mit neuer Kemenate, Torhalle und Dirnitz sowie Bergfried. In der angrenzenden eigentlichen Hofburg findet man das Ritterbad sowie den Südturm, von dem aus sich ein weiter Blick über den Thüringer Wald bietet. Wichtigstes Bauwerk ist der Palas aus dem 12. Jh., der den Burgherren als Wohnbereich diente.

TIPP

Tafeln wie im Mittelalter

›Gafft euren Nachbarn nicht auf den Teller! Und stiebitzt euch keine saftigen Stücklein vom Brett!‹, erklärt der Becherknecht im ›Eisenacher Hof‹ die Spielregeln des ›Lutherschmauses‹. Hier lässt es sich zu den Klängen von Laute und Schalmei fürstlich schlemmen. ›Gelüstet Euch nach Met im Horn oder Blut vom Drachen?‹, erfragen die Knechte und Mägde, die allesamt historische Gewänder tragen. Die Getränke werden in ›Sturzbechern‹ mit einem spitzen Boden serviert – zum Glück gibt es dafür Löcher im Tisch. Und über dem Rost brutzeln meterlange Bratwürste und ein saftiges Spanferkel. Zu später Stunde kommt zuweilen prominenter Besuch: Luther und Bach verirren sich in die Schankstube und diskutieren lauthals über Theologie, Musik und die perfekte Ehe (Katharinenstraße 11, Tel. 03691/29390, www.eisenacherhof.de).

Dem Verlierer drohte der Tod: Moritz von Schwinds ›Sängerkrieg‹ im Sängersaal der Wartburg

Eine Burgführung zeigt die wichtigsten Innenräume, beginnend beim schlichten Rittersaal über den Speisesaal zur Elisabeth-Kemenate, deren Gewölbe mit Mosaikmotiven aus dem Leben der hl. Elisabeth geschmückt ist. Das gleiche Thema findet sich wieder in den Fresken des Künstlers Moritz von Schwind in der Elisabethgalerie. Auch im Sängersaal ist eines von seinen Werken mit einer Darstellung des Sängerkriegs zu sehen. Nach dem Landgrafenzimmer erreicht man den reich geschmückten Festsaal, der sich über die gesamte Fläche des Palas erstreckt. Die Sammlung des Burgmuseums umfasst u. a. reformatorische Flugschriften, Gegenstände aus Luthers Besitz sowie Kunstschätze wie Plastiken Riemenschneiders, Werke von Cranach und den ›Dürerschrank‹ (Wartburg-Stiftung, Auf der Wartburg, Tel. 03691/2500, www.wartburg-eisenach.de; März–Okt. tgl. 8.30–20.00, letzte Führung 17.00, sonst tgl. 9.00–17.00, letzte Führung 15.30 Uhr).

TIPP

Rohrstock und Eselsmütze

Zu Luthers Zeiten gehörte die Prügelstrafe mit dem Rohrstock noch zum Alltag in der Schule. Wer sich beim Unterricht dumm anstellte, musste sich mit der Eselsmütze in die Ecke stellen. Heute wird im Lutherhaus 7 wieder gepaukt wie in alten Zeiten: Kinder ab 10 Jahren und Erwachsene dürfen hier am Altschulunterricht teilnehmen. In einem kleinen Klassenzimmer unter dem Dach werden lateinische Grammatik, Gesang und Mathematik auf dem ›Rechentuch‹ gelehrt. Schläge muss jedoch keiner befürchten – die Rutenstreiche werden nur angedeutet (Anmeldung unter Tel. 03691/29830).

MUSEEN

Thüringer Museum 1: Die kunsthandwerkliche Sammlung umfasst Porzellan, Fayencen, Gläser, Grafik und Malerei. Zzt. werden wegen Sanierung nur Porzellan und Sonderausstellungen gezeigt (Markt 24; Di–So. 11.00–17.00 Uhr).

Mittelalterliche Kunst in Thüringen 8: Rund 100 Heiligenfiguren, Kruzifixe, Altäre, Vesperbilder und Marienstatuen aus dem Bestand des Thüringer Museums werden in der Predigerkirche ausgestellt (Predigerplatz, www.predigerkirche.eisenachonline.de; Di. bis So. 11.00–17.00 Uhr).

Lutherhaus 7: In einem der ältesten Fachwerkhäuser Eisenachs (15. Jh.), urspr. ein Besitz der Familie Cotta, wird man multimedial mit Luthers Leben und Werk bekannt gemacht (Lutherplatz 8, www.lutherhaus-eisenach.de; tgl. 10.00–17.00 Uhr). Die Geschichte dieses ev. Pfarrhauses begann mit der ehelichen Lebensgemeinschaft Luthers mit der ehem. Nonne Katharina von Bora; das 1925 gegründete **Evangelische Pfarrhausarchiv** dokumentiert das ev. Pfarrhaus von den Reformationszeiten bis zur Gegenwart (Lutherplatz 8; tgl. 10.00–17.00 Uhr).

Bachhaus 3: TOP ZIEL Anhand von historischem Mobiliar, Kunstgegenständen und Musikinstrumenten gibt es einen Einblick in das Leben einer Stadtmusikerfamilie um 1700. Der Anbau ist ganz dem Leben und Werk Bachs gewidmet. Jeder Gast kommt in den Genuss eines Musikvortrags auf historischen Instrumenten (Frauenplan 21, www.bachhaus.de; tgl. 10.00–18.00 Uhr).

Reuter-Wagner-Museum 5: Die Neorenaissancevilla bietet Musik und Literatur unter einem Dach; zu sehen sind die Privaträume des niederdeutschen Dichters Dr. Fritz Reuter (1810–1874). Die angeschlossene Richard-Wagner-Ausstellung umfasst neben einer Bibliothek mit rund 6000 Bänden über 200 Briefe und Handschriften, Theaterzettel, Fotos und Plakate (Reuterweg 2; Di.–So. 11.00–17.00 Uhr). In der nahen ehem. Gaststätte **›Goldener Löwe‹** wurde 1869 der Gründungskongress der Sozialdemokratischen Arbeiterpartei (SDAP) eröffnet, an dem auch August Bebel und Wilhelm Liebknecht teilnahmen; heute Gedenkstätte, finden hier Seminare und Lesungen statt (Marienstraße 57, www.august-bebel-gesellschaft.de; Mo.–Fr. 9.00–16.00 Uhr).

Automobile Welt Eisenach 9: Auf dem Gelände des ehem. Automobilwerks Eisenach dokumentiert ein Museum über 100 Jahre Automobilbaugeschichte. Zu sehen sind Fahrzeuge aus allen Produktionsepochen wie der erste Wartburg-Motorwagen von 1899, der BMW 328 sowie Serien-Modelle aus DDR-Produktion (Friedrich-Naumann-Straße 10; Di.–So. 11.00–17.00 Uhr).

Alte Mälzerei 10: Das Industriedenkmal von 1873 diente einst als kombiniertes Wohn- und Arbeitsgebäude. Heute befindet sich in den Räumen ein Industriemuseum (Palmental 1; n. Vereinb., Tel. 03691/670419).

Bis heute erklingt im Bachhaus Musik

Infos

TIPP

Der Sommer gewinnt immer

›Der Winter muss weg!‹, darin sind sich im Frühjahr alle Eisenacher einig. Um ihrer Forderung Nachdruck zu verleihen, begehen sie jedes Jahr am Samstag drei Wochen vor Ostern das Sommergewinnsfest. Schon vor über 100 Jahren bewegte sich erstmals ein Festzug zu diesem Anlass durch die Stadt. Traditionell liefern sich Frau Sunna, Symbol des Frühlings, und Herr Winter auf dem Marktplatz ein Streitgespräch. Keine Frage, dass der Winter dabei verliert – woraufhin er traditionell in Form einer Strohpuppe verbrannt wird. Als zusätzlichen Anreiz für den Frühling schmücken die Eisenacher auch ihre Häuser, Gärten und Geschäfte. Eine sechsköpfige Kommission darf entscheiden, wer den schönsten Sommer-Willkommens-Schmuck entworfen hat (www.sommergewinn.eisenachonline.de).

Veranstaltungen

März: Zum Programm des dreiwöchigen Festivals **Thüringer Bachwochen**, an dem sich auch Eisenach beteiligt, zählen Solo- und Orgelkonzerte, Gottesdienste und Kammermusik (www.thueringer-bachwochen.de). Am 21. März, dem **Geburtstag Bachs**, findet am Bach-Denkmal auf dem Frauenplan eine Kranzniederlegung statt; das Bachhaus bietet rund um das Datum ein besonderes Konzertprogramm an.

April: Zu Ehren des hl. Georgs, Schutzpatron der Stadt Eisenach, wird regelmäßig Ende April das **Hanjörgfest** veranstaltet, das mit einem kulturtouristischen Jahresthema verbunden ist.

Sommer: Von Mai bis Okt. finden im Festsaal des Palas der Wartburg die **Wartburgkonzerte** statt. Der **MDR-Musiksommer** verteilt sich im Juli und August auf mehrere Veranstaltungsorte.

Dez.: Neben dem traditionellen **Weihnachtsmarkt** im Zentrum (Mo.–Fr. 10.00–19.00, Sa. 10.00–20.00, So. 11.30–20.00 Uhr) erfreut sich der historische Markt auf der Wartburg zunehmender Beliebtheit (11.00 bis 19.00 Uhr an den Adventswochenenden).

Unterhaltung und Ausgehen

Theater und Musik: Der Mäzen Baron Julius von Eichel-Streiber ließ das **Eisenacher Landestheater** errichten, das dem Publikum 1879 übergeben und erst kürzlich renoviert wurde; die Saison beginnt im Sept. In den Sommermonaten tritt das Ensemble mit Inszenierungen auf der Freilichtbühne Fischbach auf (Tel. 03691/256233, www.theater-eisenach.de). In der **Kulturfabrik Alte Mälzerei** gastieren regelmäßig namhafte Musiker im Jazzkeller; außerdem befindet sich hier eine Spielstätte für junges Theater (Palmental 1). Zum **Ausgehen** bieten sich die Großraumdisko ›MAD‹ an (Am Stadtweg 1, www. mad.de) sowie die Tanzbar ›The Beach‹ (Katharinenstraße 11).

Stadtführungen: Altstadtführung ganzjährig jeden Sa. 14.00 Uhr und April–Okt. tgl. ab Tourist-Information. Auf den Spuren Johann Sebastian Bachs April–Okt. Sa. 11.30 Uhr ab Eingang Georgenkirche. Zahlreiche Rundgänge für Gruppen, beispielsweise auf den Spuren der Landgrafen, der hl. Elisabeth, Luthers oder Goethes, auf Wunsch auch mit Begleitern in historischem Gewand. Spezielle Angebote gibt es auch für Kinder, darunter eine Stadtführung mit Sagen und Geschichten, buchbar bei der Tourist-Information.

Monumentale Erinnerung: Burschenschaftsdenkmal

Umgebung

Hörschel 15**:** Der heutige Stadtteil von Eisenach an der Mündung der Hörsel in die Werra ist der Ausgangspunkt des **Rennsteigs**. Durch die Flussauen der Werra verläuft der Werratal-Radweg.

Drachenschlucht 14**:** Die rund 200 m lange Klamm (2 km südl. der Wartburg) ist an der engsten Stelle nur knapp 70 cm breit. Das geologische Naturdenkmal lässt sich direkt aus der Stadt erwandern und ist Teil des Naturschutzgebietes Wartburg-Hohe Sonne mit zahlreichen geschützten Pflanzen- und Tierarten.

Nationalpark Hainich 13**:** Der 7600 ha große Nationalpark bietet Wanderern und Radfahrern ideale Bedingungen. Zu jedem der 16 Wanderwege liegt ein detailliertes Faltblatt vor. Zahlreiche Aktivitäten von Pflanzenkunde über Nachtwanderungen bis zur Tierpirsch sind Bestandteil des Veranstaltungsplans. Eine Besonderheit ist ein 300 m langer Baumkronenpfad, der in 10 m Höhe beginnt und sich mit lehrreichen Informationen durch den Laubwald bis auf 24 m windet (April–Okt. 10.00–19.00, sonst 10.00 bis 16.00 Uhr). Im Mai finden die Nationalparktage statt (Nationalparkverwaltung, Bei der Marktkirche 9, 99947 Bad Langensalza, Tel. 03603/390720, www.nationalpark-hainich.de).

Creuzburg 12**:** Die Gemeinde im Werratal zählt zwar zu den ältesten Städten Thüringens (Stadtrecht 1213), wurde im Zweiten Weltkrieg jedoch stark zerstört. Die Nikolaikirche (Urspr. 13. Jh.) entstand nach einem Stadtbrand 1786 neu. Im 13. Jh. wurde auch die Werrabrücke mit sieben Bögen aus Naturstein erbaut. Die mittelalterliche Creuzburg von 1170 ist Namensgeberin der Stadt. Zu sehen sind das Burgmuseum mit Elisabeth-Kemenate, der Folterkeller und die Gedenkstätte für den evangelischen Komponisten und Musikgelehrten Michael Prätorius (www.burg-creuzburg.de).

Rund um den Inselsberg

Ob Wanderer, Radfahrer oder Nordic Walker: Die Anziehungskraft des Rennsteigs als einer der beliebtesten Höhenwanderwege Deutschlands bleibt ungebrochen. Die jahrhundertealte Strecke verläuft auch über den sagenumwobenen Inselsberg, der die Höhen des westlichen Thüringer Waldes überragt. Im Sedimentgestein an seinem Fuß schlummern Fossilien von Ursauriern, die sogar an spektakuläre Funde gewöhnte Paläontologen aus Amerika in Staunen versetzen.

Im Buchenwald der Hühnberge stürzt sich der Trusetaler Wasserfall 58 Meter in die Tiefe.

▲ Rokokoschloss Dornburg: ›mini-a-thür‹ zeigt das Land im Kleinen

▼ Wetterküche am Inselsberg

▼ Nacktfrösche finden ein Refugium an der abgelegenen Ebertswiese

▼ Kletterparadies Falkenstein bei Tambach-Dietharz

▲ Die wieder saubere Werra wurde zum Revier der Kanuten ▼ Wanderspaß für Groß und Klein

Im Sommer trägt er ein grünes Gewand, im Winter ein weißes Kleid. Manchmal scheint ihm der Schädel zu qualmen, und hin und wieder versteckt er sich sogar ganz. Wenn die Einwohner von Brotterode, Tabarz oder Ruhla eine Wettervorhersage brauchen, genügt meist ein Blick auf den Inselsberg. Schon 1882 wurde auf dem 916 Meter hohen Gipfel eine meteorologische Station eingerichtet, wo das Klima rau ist und Temperaturunterschiede von 20 Grad zum Thüringer Becken keine Seltenheit sind.

Doch der Inselsberg gilt nicht nur als Wetterprophet, sondern auch als Wahrzeichen der Region. Der viertgrößte Gipfel des Thüringer Waldes ist wegen einer grandiosen Fernsicht seit jeher beliebt: Bei gutem Wetter kann man Bergspitzen in mehreren Bundesländern erblicken – von der Wasserkuppe über den Brocken bis zum Hohen Meißner. Den Menschen des Mittelalters war das noch egal: Sie beraubten die Hänge des Enzenberges, wie er einst hieß, ihrer reichen Buchenbestände. Mitte des 17. Jahrhunderts ließ der Gothaer Herzog Ernst der Fromme die Porphyrkuppe für Besucher erschließen. Weil auf dem Gipfel die Grenze zwischen zwei Fürstentümern verlief, entstanden im 18. Jahrhundert zwei Gasthöfe – Wanderer konnten in Hessen einkehren und zehn Schritte weiter in Gotha Kaffee trinken.

Jurassic Park

Der Inselsberg wäre nach Meinung von Geologen heute rund doppelt so hoch, hätten Wind und Wasser nicht seit Jahrmillionen an ihm gehobelt und geschmirgelt. Rund 300 Millionen Jahre alt ist das Gestein, das unter ihm schlummert, inklusive der darin eingeschlossenen Fossilien. 1974 entdeckte ein Paläontologe aus Gotha bei Tambach-Dietharz Skelette von Ursauriern – Vorfahren der Dinosaurier und heutigen Säugetiere. Seitdem brachten Wissenschaftler am Bromacker mehr als 40 Skelette ans Tageslicht. Glanzstück der Sammlung ist das ›Tambacher Liebespaar‹ – zwei Rep-

▲ Eine eigene Welt ist der Große Inselsberg im Winter

▲ Rodel gut: Der Inselsberg ist winters beliebtes Ziel

▲ Auch Weihnachten im Dienst: Wetterstation Inselsberg

▼ Weltcup-Skispringen in Brotterode

▲ *Kälte macht hungrig*

▼ *Glückliche Sieger beim Weltcup-Skispringen in Brotterode*

tilien, die sich im Tode scheinbar nebeneinander gekuschelt haben. Versteinerte Fußspuren weisen auf einen See oder Fluss hin, der im zu jener Zeit heißen Klima oft ausgetrocknet gewesen sein muss.

Vergleiche mit Funden in den USA stützen die These vom Urkontinent Pangäa – Amerika und Europa waren damals noch nicht durch den Atlantischen Ozean getrennt. Unterstützt von Paläontologen aus den USA, wurden erst 2006 neue spektakuläre Saurierskelette entdeckt. Es waren sicherlich nicht die letzten, haben die Forscher bis heute gerade einen winzigen Teil der Fundstelle erschlossen. Doch sie sind sich jetzt schon einig, dass der Thüringer Wald für die Saurierforschung mindestens so aufregend ist wie die Rocky Mountains.

SPECIAL

Steinerne Grenzen

Noch vor hundert Jahren hätte man bei einer Wanderung über den Rennsteig mehrere Staatsgrenzen übertreten. Die thüringische Kleinstaaterei fand ihren Niederschlag in über 1000 Grenzsteinen, noch heute entlang der Strecke zu finden. Ab dem 16. Jahrhundert wurden die Hoheitsgebiete durch Steine mit prächtigen Wappen markiert: Sachsen-Weimar, Sachsen-Meiningen, Schwarzburg-Rudolstadt, Hessen, Preußen, die zahllosen Linien Reuß – nur schwer ließ sich dabei der Überblick behalten. An manchen Stellen trafen sogar die Grenzen dreier Staaten aufeinander – markiert durch ›Dreiherrensteine‹. Ein knappes Dutzend dieser besonderen steinernen Markierungen existiert noch.

Roter Faden durch den Wald

Nicht nur die Geologie, sondern auch das Landschaftsbild rund um den Inselsberg gehört zum Schönsten, was der Thüringer Wald zu bieten hat: Wasserfälle und Felsschluchten, Bergseen und Wildbäche säumen die Wanderwege. Dörfer quetschen sich in steile, tief eingeschnittene Täler. Entlang dem Kamm verläuft mit dem Rennsteig einer der bekanntesten und beliebtesten Wanderwege Deutschlands. Als ›Rynnestig‹ tauchte er erstmals 1330 in einer Urkunde auf, obwohl es schon lange vorher einzelne Abschnitte gegeben haben

▲ *Keltenbadsauna in Bad Salzungen*

▼ *Bad Liebensteins Schloss Altenstein*

▼ *Apfelblüten zeigen es: Es ist Frühling im Werratal*

▼ *Erholung für die Atemwege: Bad Salzungener Gradierwerk*

▲ *Fachwerk prägt die Bad Salzunger Kurgebäude*

▼ *Brunnentempel in Bad Liebenstein*

wird. Der Zusammenhang mit ›Rennen‹ ist nicht zufällig: Der Weg diente vermutlich als rasche Gebirgsroute für Reiter und Läufer. Eine bedeutende Straße entwickelte sich nie daraus, da der Rennsteig quer zu den historischen Handelsrouten verläuft. Obwohl die erste zusammenhängende Erwanderung schon 1830 durch den Gothaer Offizier Julius von Plänkner erfolgte, entdeckten die Bürger die Route erst gegen Ende des 19. Jahrhunderts. ›Ich wand're ja so gerne am Rennsteig durch das Land‹, sang der Suhler Barde Herbert Roth 1951 zum ersten Mal und verhalf dem Wanderweg damit zu einer eigenen Hymne. Dabei konnten die Bürger der DDR bis zur Wende nur einen Teil des Weges begehen: Die Nähe zur innerdeutschen Grenze kappte dem Rennsteig ein Viertel seiner Länge.

SPECIAL

Kathedralen für Salz

Die Luft schmeckt nach Salz. Männer und Frauen in weißen Kapuzenmänteln bewegen sich gespenstisch durch den feinen Nebel, der im Salzunger Gradierwerk wabert. Die Luft, die beim Abrieseln der Sole durch Reisig aus Schwarz- und Weißdorn entsteht, wirkt heilsam in den feinen Verästelungen der Bronchien. Salz war schon immer Thema in dieser Region. In einer Urkunde Karls des Großen ist von Siedepfannen über brennenden Holzstapeln zu lesen – ein aufwändiges Verfahren, dem die Wälder der Region zum Opfer fielen. Um 1590 entstanden die ersten Gradierhäuser, in denen der Salzgehalt des Wassers auf einfachere Weise erhöht werden konnte. Als 27-prozentige Sole erbohrt wurde, fand diese Form der Produktion ein Ende. Die zwei verbliebenen Gradierwerke, oft fälschlicherweise als Saline bezeichnet, dienen heute nur noch zu Heilzwecken.

Land der Legenden

Beiderseits der 168,3 Kilometer langen Strecke zwischen Hörschel an der Werra und Blankenstein an der Saale warten unzählige botanische Seltenheiten, skurrile geologische Formationen und historische Stätten auf Entdeckung. Kein Wunder, dass sich viele Märchen, Sagen und Legenden um diese Region ranken. Sie handeln von Waldnixen und Riesen, von Rittern und Burgdamen oder von der Tierwelt ver-

▲ Blick auf Schmalkaldens Altmarkt

▲ Schlosshof hinter Bleiglas: Wilhelmsburg in Schmalkalden

▲ Fachwerk, wohin man blickt: Altstadt von Schmalkalden

▼ Renaissanceschmuck: Schlosskirche der Wilhelmsburg

▲ Thüringer Gastlichkeit in Schmalkalden ▼ Hinter dem Schlossportal zeigt sich die Georgskirche

gangener Tage: So erzählt die Legende des Bärenbruchsteins bei Tabarz vom letzten Thüringer Bären, der in einer großen Treibjagd durch den Grafen von Henneberg verfolgt wurde und sich schließlich angesichts der Ausweglosigkeit seiner Flucht in die Tiefe stürzte.

Wer früher in dieser Region lebte, musste ein gehöriges Maß Ausdauer und Mut mitbringen. Dickfellig geworden, scheuten sich die Waldbewohner nie, der Obrigkeit auch mal die Meinung zu sagen, so wie der Schmied von Ruhla, der seinem Landesherrn die Leviten las – und dafür im Wappen der Stadt verewigt wurde. Eine Legende erklärt auch die Entstehung von Bad Liebenstein, zu DDR-Zeiten der größte Kurort des Landes. So sollen das Gras rund um die heilende Quelle besonders fett und die Kühe ausnehmend gut genährt gewesen sein. Landesherr Casimir von Coburg ließ daher 1610 einen Brunnen über das wertvolle Nass bauen und legte damit den Grundstein für ein Modebad der Aristokratie.

Kuren mit den Kelten

Nach Wende und Gesundheitsreform mussten sich die Heilbäder im Thüringer Wald innovationsfreudig zeigen. In Bad Salzungen an der Werra erkannte man schnell, dass die Tage sozialversicherter Kuren gezählt sind, und setzte auf privat zahlende Kurgäste und Wellnessfreunde. Gleichzeitig befreite man die Kureinrichtungen von alten Zöpfen: Wo die Gäste zu DDR-Zeiten noch im Trainingsanzug und mit ihrem Essbesteck in der Hand in den gemeinschaftlichen Speisesaal pilgerten, steht heute eine breite Palette von Häusern aller Kategorien zur Verfügung. Das ›Kurmittelhaus‹ nennt sich nun – in Anlehnung an die reiche keltische Vergangenheit der Region – Keltenbad. Das Leitmotiv durchzieht unzählige Angebote: Gäste können in einer Keltensuite logieren, sich nach keltischen Rezepten bekochen lassen und gemeinsam keltische Feiertage begehen. Keltenkosmetik, Keltenbrot, Keltenlikör stehen zum Verkauf. Einmal im Jahr wählen die Bad Salzunger sogar ihre Keltenfürstin. Das Konzept kommt gut an: Für Keltenfans gibt es inzwischen sogar einen eigenen Club.

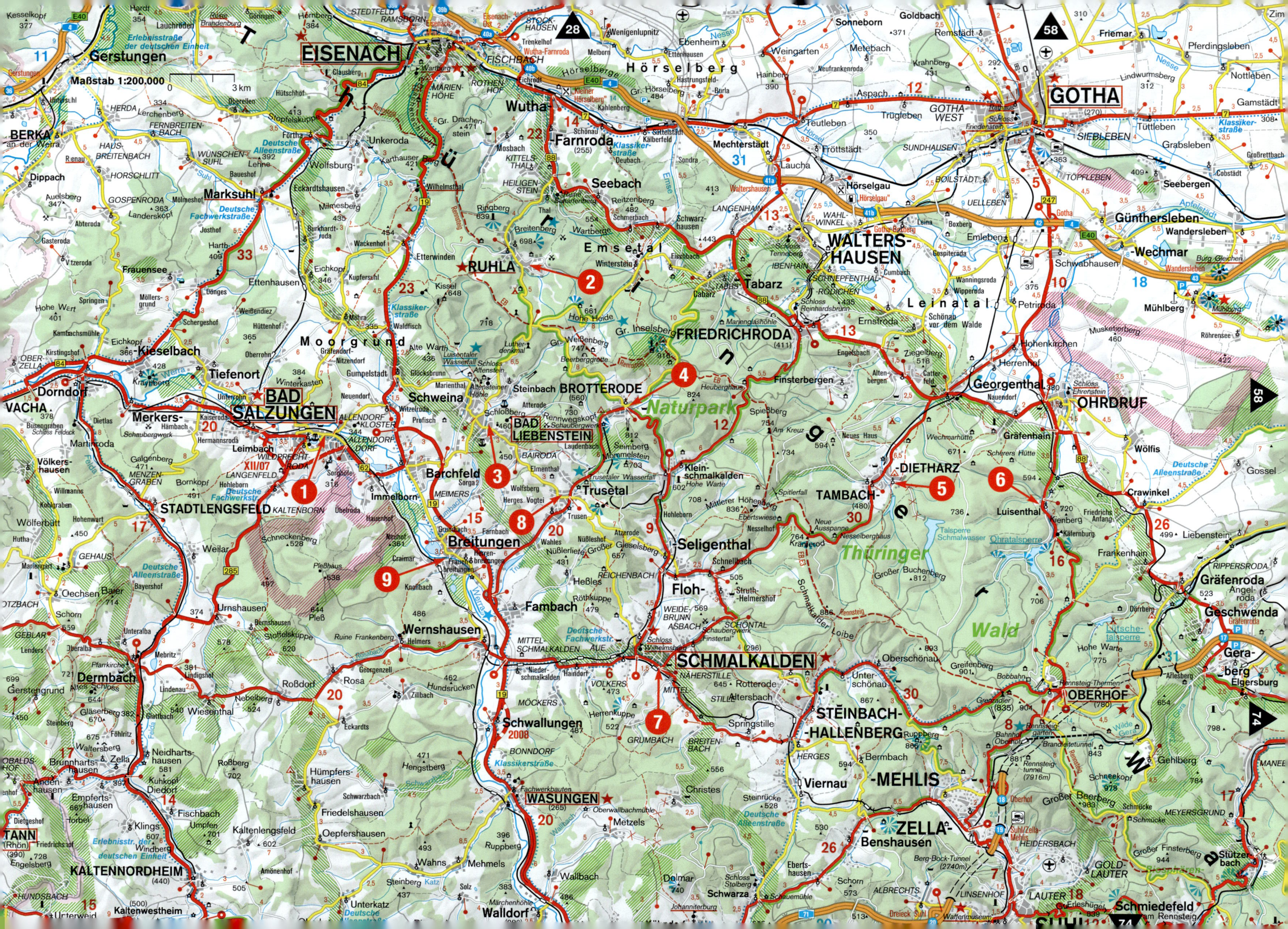

Maßstab 1:200.000
EISENACH
GOTHA
WALTERS-HAUSEN
FRIEDRICHRODA
BAD SALZUNGEN
BAD LIEBENSTEIN
SCHMALKALDEN
STEINBACH-HALLENBERG
OBERHOF
WASUNGEN
OHRDRUF
RUHLA
Gerstungen
Wutha
Farnroda
Seebach
Tabarz
BROTTERODE
Schweina
Barchfeld
Breitungen
Trusetal
Seligenthal
Floh-
Fambach
Wernshausen
Schwallungen
TAMBACH-
-DIETHARZ
Georgenthal
Luisenthal
Zella-
-MEHLIS
Benshausen
Viernau
Schmiedefeld
Geschwenda
Gräfenroda
Gera-berg
Elgersburg
Kieselbach
Tiefenort
Merkers-
VACHA
Dorndorf
Marksuhl
STADTLENGSFELD
Dermbach
KALTENNORDHEIM
Walldorf
Naturpark
Thüringer
Wald
Hörselberg
Emsetal
Leinatal
Moorgrund
Mechterstädt
Günthersleben-
-Wechmar

Infos

Unterweltpracht: Tropfsteinhöhle Kittelsthal

Bad Salzungen ①

Man vermutet, dass bereits Kelten vor mehr als 2500 Jahren die Solevorkommen der Region nutzten. Erstmals erwähnt wurde ›Villa Salsunga‹ 775. Der Kurbetrieb, der die Stadt mit 17 000 Einw. bis heute prägt, begann 1822. Stündlich sprudeln rund 70 000 Liter Sole aus den Brunnen.

Sehenswert: Beeindruckend sind die **Kuranlagen** mit dem Gradierwerk (1797) und dem Mittelbau im hennebergisch-fränkischen Stil sowie Musikpavillon und Gradiergarten. Das barocke **Rathaus** wurde 1790 auf alten Grundmauern errichtet. Mit seiner Uferpromenade und historischen Bauten ist der **Burgsee** ein besonderer Anziehungspunkt.

Museum: Einen Überblick über die mehr als 1200-jährige Stadtgeschichte vermittelt das **Stadtmuseum ›Türmchen‹** (August-Bebel-Straße 69; Di. 12.00–16.00, Mi. und Do. 8.00 bis 16.00, Fr. 8.00–12.00, So. 14.00–17.00 Uhr).

Veranstaltungen: Achtmal im Jahr werden im Keltenbad **›keltische Feiertage‹** begangen (www.keltenbad.de).

Umgebung: Im **Erlebnisbergwerk Merkers** (10 km westl.) werden Besucher mit Allradfahrzeugen durch ein unterirdisches Labyrinth gefahren. Höhepunkte sind ein 250 m langer Bunker sowie eine Kristallhöhle in 800 m Tiefe (Zufahrtstraße 1, Tel. 03695/614101, www.erlebnisbergwerk.de; Führungen n. Anm. Di.–So. 9.30 und 13.30 Uhr). Noch weiter westl. liegt **Vacha** mit seiner uralten Werrabrücke.

ⓘ Sole-Heilbad Kurverwaltungsgesellschaft, Am Flößrasen 1, 36433 Bad Salzungen, Tel. 03695/69340, Fax 03695/693422, www.bad-salzungen.de

Ruhla ②

Die Bergstadt Ruhla (7000 Einw.) wurde um 1355 erstmals erwähnt. Bergbau und Eisenverarbeitung wie Waffen- und Messerschmiede (17. bis 19. Jh.), später das Tabakpfeifengewerbe (1739–1940) und die Uhrenindustrie (seit 1892) prägten den Ort.

Sehenswert: Ruhla zieht sich mit zahlreichen **Fachwerkbauten** durch ein enges Tal. Bedingt durch eine langjährige Erbteilung besitzt der Ort zwei beeindruckende Kirchen – die Winkelkirche **St. Concordia** (1661) und die Kirche **St. Trinitatis** (1682). Am Stadtrand entstand in den 1920er-Jahren ein **Bauhausensemble.** Im **Miniaturpark ›mini-a-thür‹** werden kulturhistorische Bauten Thüringens im Maßstab 1:25 ausgestellt (Geschwister-Scholl-Straße, www.mini-a-thuer.de; Mitte April–Okt. tgl. 10.00–18.00 Uhr).

Museen: Das **Tabakpfeifenmuseum & Museum für Stadtgeschichte** in einem Fachwerkhaus von 1614 informiert über das Waffen- und Messerschmiedehandwerk, die Entwicklung der Uhrenindustrie und das Tabakpfeifengewerbe; beeindruckend ist die Meerschaumpfeifensammlung (Obere Lindenstraße 29; Di., Do. und Sa. 13.00–17.30, Mi. und Fr. 9.00–14.00 Uhr). Mehr als 1000 Exponate können im **Uhrenmuseum** besichtigt werden (Bahnhofstraße 27, www.garde.de; Mo. bis Fr. 10.00–16.30, Sa. 10.00–14.00 Uhr).

Umgebung: Eine herrliche Rundsicht hat man vom Carl-Alexander-Turm auf dem **Ringberg** (639 m; nordw.). Als Aussichtsturm dient auch der Bergfried der Ruine Scharfenberg (Urspr. 12. Jh.) in **Thal** (Mai–Sept. tgl. 9.00 bis 20.00 Uhr, sonst kürzer; 5 km nördl.). Im benachbarten **Kittelsthal** lässt sich eine 1888 entdeckte Tropfsteinhöhle besuchen (April bis Okt. Di.–Fr. 9.00–17.00, Sa. und So. 10.00 bis 18.00 Uhr).

ⓘ Naturpark- und Touristinformation, Markt 1, 99842 Ruhla, Tel. 036929/89013, Fax 036929/89022, www.ruhla.de

TIPP

Baden wie die Kelten

Natürliche Baustoffe und Farben sowie runde Formen prägen das Keltenbad in Bad Salzungen. Saunafreunde kommen hier voll auf ihre Kosten: Druiden-, Steinofen- und Sole-Dampfschwitze bieten sich zum Entspannen an. In der Waldschwitze gibt es Kräuter, und der Boden ist mit Tannennadeln bedeckt. In der halb unterirdischen Erdhöhlenschwitze sitzt man um ein prasselndes Kaminfeuer. Auch das Badevergnügen kommt dank einer großen Badelandschaft nicht zu kurz – im ›Salztopf‹ kann man sich in einer 15-prozentigen Salzlösung treiben lassen wie im Toten Meer (Am Flößrasen 1, www.keltenbad.de; tgl. 10.00–22.00 Uhr).

Bad Liebenstein ③

Bad Liebenstein (4000 Einw.) ist das älteste Kur- und Heilbad Thüringens. Bereits im 16. Jh. wurden Mineralquellen erwähnt, im 19. Jh. wandelte sich der Ort zum Modebad der Aristokratie.

Sehenswert: Die historische **Post** im Zentrum ist das heimliche Wahrzeichen der Stadt; das Fachwerkhaus wurde 1895 im hennebergischen Stil erbaut. Die Herzog-Georg-Straße säumt klassizistisch geprägte **Bäderarchitektur,** darunter das 200-jährige Palais Weimar, ein Brunnentempel (1816) und die Wandel-

Bereits 700 Jahre alt: Werrabrücke bei Vacha

Brotterode ist beliebtes Ziel von Wintersportlern

halle, in der die Heilquelle sprudelt. Am Ortsrand findet man die Burgruine **Liebenstein** (Urspr. 10. Jh.).

Veranstaltungen: Im 1804 erbauten **Kurtheater** gastierte schon das Meininger Hoftheater (Herzog-Georg-Straße 66).

Umgebung: Der **Schloss- und Landschaftspark Altenstein** gilt als herausragendes Gartenbaukunstwerk (Pläne u. a. Fürst Pückler-Muskau). Mittelpunkt ist Schloss Altenstein (Urspr. 18. Jh.), bis 1890 nach englischen Vorbildern umgestaltet (zzt. Sanierung; Tel. 036961/33401, www.schloss-altenstein.de; Informationszentrum und Park Mai–Okt. tgl. 11.00–16.30 Uhr, sonst kürzer, Parkführungen n. Vereinb.). Die 1799 entdeckte **Altensteiner Höhle** lässt sich auf ca. 300 m begehen; in ihr finden regelmäßig Konzerte statt (www.altensteiner-hoehle.de; April bis Okt. Fr.–Mi. 10.00–17.00/18.00 Uhr, sonst kürzer, Jan. geschl.).

ⓘ Informationsbüro, Wandelhalle, Esplanade, 36448 Bad Liebenstein, Tel. 036961/69320, Fax 036961/69514, www.bad-liebenstein.de

BROTTERODE 4

Vermutlich ließ der Abt Brunward von Hersfeld hier im 9. Jh. Wald roden. Seit rund 100 Jahren entwickelt sich Ort (3200 Einw.) zum Wintersportzentrum.

Aktivitäten: Für **Skiläufer** gibt es einen Abfahrtshang und mehrere Loipen. Im Sommer stehen **Nordic Walkern** im DSV Nordic Aktiv Zentrum vier Strecken zur Verfügung (www.nordic-aktiv-zentrum.net). Brotterode ist ein günstiger Ausgangspunkt für **Wanderungen** auf den Inselsberg, die 1000 m lange **Sommerrodelbahn** mit 12 Steilkurven eine weitere Attraktion (Mai–Okt. tgl. 10.00 bis 17.00 Uhr). Das **Inselbergbad** verfügt über eine Saunalandschaft und einen Außenbereich (Am Bad 1, www.inselbergbad.de; tgl. 10.00–21.00, Fr. bis 22.00 Uhr).

ⓘ Gästeinformation, Bad Vilbeler Platz 4, 98599 Brotterode, Tel. 036840/3333, Fax 036840/3335, www.brotterode.com

TAMBACH-DIETHARZ 5

Die Kleinstadt (4400 Einw.) entstand aus zwei Gemeinden mit Ursprüngen im 13. Jh. Besucher finden eine besonders große Anzahl von Natursehenswürdigkeiten.

Museen: Im **Lohmühlenmuseum** wird von der Handsäge bis zum historischen Sägewerk die holztechnische Entwicklung der vergangenen Jahrhunderte dargestellt. In dem ehem. Mühlengebäude sind außerdem Kürschner-, Schuster-, Böttcher-, Glasmacher-, Tischler-, Korbmacher-Werkstätten etc. eingerichtet (Lohmühle 4, nördl. an der Straße nach Georgenthal, www.lohmuehle.info; Di.–So. 10.00–18.00 Uhr). Das **Heimatmuseum** präsentiert die Ortsgeschichte (Waldstraße 1, Nähe Marktplatz; Führungen Fr. 14.00 und 15.00, Sa. 14.00 Uhr).

Veranstaltungen: Das **Talsperrenkonzert** an der Tambacher Talsperre mit der Thüringen Philharmonie im Mai/Juni sowie das **Wildwasser-Rafting** unterhalb der Schmalwassersperre im Aug. sind die Höhepunkte.

Umgebung: Die alte **Tambacher Talsperre** im Südwesten des Ortes wurde 1905 als Trinkwasserreservoir für Gotha in Betrieb genommen. 1993 wurde der **Schmalwasser-Stausee** fertiggestellt. Beide Gewässer lassen sich umwandern. Der knapp 100 m hohe **Falkenstein** (96 m) ist bei Kletterern sehr populär; zum Ausflugsziel wurde das **Röllchen**, die einzige Hochgebirgsklamm in Thüringen (beide östl. des Großen Buchenbergs). Der **Marderbachgrund** mit seinen hohen Felswänden war schon Kulisse für mehrere Filme (Oberhofer Straße, östl.). Badefreunde pilgern zum **Bergsee Ebertswiese** (11 km südwestl.) in einem ehem. Steinbruch. Der 23 m hohe **Splitterfall** (westl.) gilt als größter natürlicher Wasserfall in der Region. Entlang dem rund 2 km langen **Saurierpfad** am Bromacker erfährt man Wissenswertes rund um die hier stattfindenden Ausgrabungen (Nähe Lohmühle).

ⓘ Verkehrsamt, Burgstallstraße 31a, 99897 Tambach-Dietharz, Tel. 036252/34428, Fax 036252/34429, www.tambach-dietharz.de

Schmalwasser-Talsperre bei Tambach-Dietharz

TIPP

Wildes Wasser

Schäumend schlägt das Wasser über den Bootsrand. Wellen lassen das Schlauchboot bocken und schwanken. In rasantem Tempo saust die Landschaft vorbei. Alle paar Minuten schießt ein voll besetztes Raftingboot über Schmalwasser und Apfelstädt. Die sonst so ruhigen Gewässer verwandeln sich einmal im Jahr für wenige Stunden in einen reißenden Fluss. Der Abfluss der Schmalwassersperre steht dann weit offen und lässt pro Sekunde rund 6 m^3 Wasser entweichen. Funktionsprüfungen am Damm machen diese Öffnung notwendig – ein Ereignis für die Gemeinde Tambach-Dietharz: Auf einer Länge von 3 km kann man an einer der Fahrten teilnehmen, die sieben Brücken passieren und mitten durch den Ort führen (2. Aug.-Sa. 10.00–17.00 Uhr).

LUISENTHAL 6

Ältestes Zeugnis der Besiedlung der Region ist die Ruine Käfernburg aus dem 8. Jh. Die Ohratalsperre versorgt seit 1966 große Teile Nordthüringens mit Trinkwasser und dient auch der Stromerzeugung.

Sehenswert: Von der **Käfernburg** sind noch Mauerreste, Gräben und ein Turm aus dem 14. Jh. erhalten.

Museum: Mehr als 300 Ausstellungsstücke aus der Geschichte der Braukunst sind in der 1892 gegründeten **Stutzhäuser Brauerei** zu besichtigen (Karl-Marx-Straße 8, www.stutzhaeuser-brauerei.de; Di.–So. 13.00–17.00 Uhr).

Aktivitäten: **Wanderwege** führen rund um die Ohratalsperre. Für **Nordic Walker** sind mehrere Strecken ausgeschildert.

ⓘ Naturpark- und Touristinformation, Suhler Straße 5c, 99885 Ohrdruf, Tel. 03624/317949, www.luisenthal.de

Infos

Klassizistisch: Schmalkaldens ›Neue Hütte‹

Schmalkalden 7

Die über 1130 Jahre alte, einst hessische Stadt (18 000 Einw.) gilt als wertvolles Zeugnis mitteleuropäischen Städtebaus. Bergbau und Eisenverarbeitung waren ab dem 14. Jh. Grundlage für eine wirtschaftliche Blüte. Die Stadt schrieb Geschichte mit dem Schmalkaldischen Bund (1529–1547), ein vergeblich geschlossenes Schutzbündnis der protestantischen Stände gegen Kaiser Karl V. zur Erhaltung des evangelischen Glaubens.

Sehenswert: Der Kern der **Altstadt** stammt überwiegend aus dem 14.–18. Jh. und wird von einer Vielzahl restaurierter Fachwerkbauten und steinerner Kemenaten geprägt, u. a. **Lutherhaus** (1520, Lutherplatz), **Heiliggrabesbehausung** (16. Jh., Pfaffengasse), **Rathaus** (Mittelbau 1419) und **Kunsthaus** am Markt (Urspr. 15. Jh.). Die **Stadtkirche St. Georg** (1437–1509) gilt als besonders schöne spätgotische Hallenkirche. Markant sind ihre beiden unterschiedlichen Türme; die Türmerstube bietet einen Rundblick über Stadt und Thüringer Wald. **Schloss Wilhelmsburg** (1585–1590), ein bedeutendes Denkmal der Renaissance-Baukunst, thront über dem Stadtkern; Höhepunkte sind die Festsäle mit Renaissance-Malereien, die Schlosskirche mit einer völlig aus Holzpfeifen bestehenden Orgel und die Gewölbekopie aus dem Hessenhof mit Malszenen zum ›Iwein‹-Epos (urspr. 1235).

Museen: Im **Schlossmuseum** sind neben den Interieurs Ausstellungen zur Renaissance und Reformation in Europa, zur Baugeschichte des Schlosses sowie eine Sammlung gusseiserner Öfen zu sehen (Schlossberg 9; April–Okt. tgl. 10.00–18.00, sonst Di.–So. 10.00–16.00 Uhr). Die **Eisen- und Braunsteingrube Finstertal** war bis 1934 in Betrieb; das Grubengelände, Werkzeuge und Mineralien wurden zum Besucherbergwerk (OT Asbach; April–Okt. Mi.–So. 10.00 bis 17.00 Uhr). Das **Technische Museum ›Neue Hütte‹** im OT Weidebrunn ist eine Hochofenanlage von 1835 (1924 stillgelegt); gezeigt werden historische Holzkohlehochöfen, eine Ausstellung zur Geschichte von Bergbau, Verhüttung und Eisenhandwerk sowie eine Holzbohrer- und Nagelschmiede (Gothaer Straße; April–Okt. Mi.–So. 10.00 bis 17.00 Uhr).

Veranstaltungen: Schmalkalder City-Lauf (Mai). (Holzpfeifen-)**Orgelkonzerte** in der Schlosskirche (Mai–Sept.). **Grubenfest** und **Hüttenfest** (Juni/Juli). Historisches Stadtfest **Schmalkalder Hirschessen** (Aug.). **Herrscheklasmarkt** und mittelalterlicher **Weihnachtsmarkt** auf Schloss Wilhelmsburg (Dez.). Regelmäßig werden thematische **Stadtführungen** zu Geschichte und Architektur, Schloss- und Kirchenführungen angeboten.

ⓘ Tourist-Information, Mohrengasse 1a, 98574 Schmalkalden, Tel. 03683/403182, Fax 03683/604014, www.schmalkalden.de

Trusetal 8

Der Ferienort entstand vor gut 50 Jahren durch den Zusammenschluss mehrerer Gemeinden, deren Ursprünge teilweise bis ins Mittelalter zurückreichen, woran die Wallenburg erinnert. Ab dem 14. Jh. wurde hier Eisenerz abgebaut.

Sehenswert: Hauptattraktion des Ortes ist der 58 m hohe **Trusetaler Wasserfall**, der 1865 künstlich angelegt wurde (Ostern–Nov. tgl. 10.00–18.00 Uhr). Mehr als 1500 Gartenzwerge warten im **Zwergenpark** auf Besuch (Brotteroder Straße 55, www.zwergen-park.de; Ostern–Okt. tgl. 10.00–17.00 Uhr, sonst nur Sa. und So.).

Museum: Im **Besucherbergwerk Hühn** östl. an der Straße nach Seligenthal wurden bis 1990 Kristalle abgebaut; die Besichtigung schließt eine Grubenbahnfahrt ein (Eisensteinstraße; Ostern–Okt. tgl. 10.00–16.15 Uhr).

Umgebung: Beliebtes Ausflugsziel ist die **Ruine Wallenburg** auf dem Hainberg (östl.).

ⓘ Tourist-Information, Eisensteinstraße 91, 98596 Trusetal, Tel. 036840/81578, Fax 036840/8248, www.trusetal.de

Breitungen 9

Die Gemeinde (5300 Einw.) an der Werra, aus drei Siedlungskernen zusammengewachsen, hat eine 1100-jährige Geschichte.

Sehenswert: Wahrzeichen des Ortes ist die ehem. **Benediktinerklosterkirche**, im 12. Jh. als Basilika entstanden und wiederholt umgestaltet. Auf Resten des 1552 aufgehobenen Klosters wurde im 16. Jh. das **Breitunger Schloss** erbaut, ein dreigeschossiger Renaissancebau mit runden Treppentürmen. Besuchenswert sind auch der historische **Marktplatz** mit Zehntlinde und die vor 240 Jahren errichtete **Untere Mühle** an Truse und Werra.

Museum: Im Schloss wurde das **Aktivmuseum Ländliches Brauchtum** eingerichtet – der Besucher wird beim Kochen, Buttern, Spinnen und Handarbeiten vom Betrachter zum Akteur (Mai–Okt. Mi. und Fr 10.00–12.00 und 13.00–16.00 sowie jeden 1. und 3. So. im Monat 14.00–17.00 Uhr).

Aktivitäten: Den **Breitunger Kiessee** (östl., Sportzentrum im Aufbau) säumt ein Badestrand (www.kiessee.breitungen.de; im Sommer Mo.–Fr. 14.00–20.00, Sa. und So. 10.00 bis 20.00 Uhr).

Umgebung: Vom **Aussichtsturm** auf dem **Pleßberg** (westl.) kann man bei klarer Sicht die Wartburg und den Hohen Meißner sehen (Sa. ab 13.00, So. ab 10.00 Uhr, sonst Schlüssel in der Gäste-Information).

ⓘ Gäste-Information, Rathausstraße 22, 98597 Breitungen, Tel. 036848/88221, Fax 036848/88232, www.breitungen.de

TIPP

Auf dem Steig unterwegs

Ludwig Bechstein schlug Mitte des 19. Jh. eine Aufteilung des 168,3 km langen Rennsteigs in 5 Tagesetappen vor. Die sind ein ehrgeiziges Unterfangen, bei dem man täglich mindestens 9 Std. auf den Beinen ist. Heute sind die meisten Wanderer – je nach Kondition und Anzahl der Abstecher – 6, manche bis zu 9 Tage unterwegs. Knapp 800 m Höhenunterschied gilt es auf der kompletten Tour zu bewältigen, wobei der anstrengendste Anstieg am ersten Tag beim Erklimmen der Kammhöhe vom Werraniveau aus stattfindet. Der Rennsteig ist mit einem weißen ›R‹ markiert. Zur Übernachtung stehen Berghütten und Campingplätze zur Verfügung. Seit kurzem gibt es auch einen Rennsteig-Radweg, in Teilen parallel zum Wanderweg und insgesamt 30 km länger als das Original. Im Winter verwandelt sich der Rennsteig in eine der längsten zusammenhängenden Loipen der Welt. Na dann ›gut Runst‹ – wie man auf dem Rennsteig sagt.

Schülerhilfe!

Schlösser- und Burgenland

Reisende auf den Spuren Johann Sebastian Bachs kommen an Arnstadt nicht vorbei, wo der junge Komponist mit seinem Orgelspiel nicht nur begeisterte, sondern auch für Befremden sorgte. Musiker, Verleger und Astronomen zog es auch ins benachbarte Gotha, wo ein fortschrittliches Fürstenhaus Kunst und Kultur zum Blühen brachte – die prächtigen Sammlungen in Schloss Friedenstein erinnern daran. Dass die Berge nur einen Katzensprung entfernt sind, merkt man bei einer gemütlichen Fahrt mit der Thüringer Waldbahn.

Für immer jung lümmelt Johann Sebastian Bach am Arnstädter Marktplatz herum.

▲ Arnstadts Liebfrauenkirche überragt die Altstadt ▼ Bach auf dem Marktplatz

▲ Bachkirche und Hopfenbrunnen ▼ Bach-Erinnerungen in Wechmar

▲ Fachwerkhochburg Arnstadt: Rektorat in der Kohlgasse ▼ Am Alten Friedhof

Er liegt mehr, als er sitzt. Er lümmelt und fläzt: Der ›junge Bach‹ auf dem Marktplatz von Arnstadt sieht ganz anders aus, als man sich einen großen Komponisten vorstellt. Als Professor Bernd Göbel 1985 seine Skulptur installierte, erntete er daher zunächst leidenschaftliche Diskussionen. Kein Wunder, sind die Arnstädter doch stolz auf ›ihren‹ Bach, der 1703 in die Stadt kam, um eine neue Orgel zu prüfen – und dann vier Jahre lang als Organist an der Neuen Kirche blieb. Seine Orgel erklingt heute noch in dem Gotteshaus, das jetzt Bachkirche heißt. ›Organisten aus aller Welt pilgern hierher, um sie hoch und runter zu spielen‹, erzählt ein Gemeindemitglied.

Gentest für Bach?

Johann Sebastian war damals nicht der einzige Bach in Arnstadt. Über vier Generationen hinweg prägte die Familie das Musikleben als Organisten, Stadtpfeifer, Hofmusiker, Komponisten und Instrumentenbauer. Diese mehr als 100 Jahre währende Epoche endete 1739 mit dem Tod von Ernst Bach, dem letzten männlichen Nachkommen in Arnstadt. ›Coole Musik‹ schrieb ein 18-Jähriger ins Gästebuch der Arnstädter Bachausstellung. Ebenso jung war Bach, als er sein Amt in der Stadt antrat. Das aufstrebende Talent verfeinerte hier sein Orgelspiel und komponierte eigene Stücke. Doch er eckte auch an, zum Beispiel, weil er seinen Urlaub eigenmächtig verlängerte. Vor das Konsistorium geladen, kritisierte man, dass er ›viele wunderliche variationes gemachet, viele frembde Thone eingemischet, dass die Gemeinde darüber confundiret worden‹ sei. Die Tastatur, über die einst seine Finger glitten, ist noch zu sehen: ›Man könnte bestimmt noch Bachs Genspuren darauf finden‹, meint ein Besucher der neu gestalteten Bachausstellung.

Neuer Glanz

Nicht nur die Wirkungsstätten der Künstlerfamilie wurden restauriert: Ganz Arnstadt hat sich seit der Wende herausgeputzt. Immerhin blickt die älteste Stadt Thüringens auf eine 1300-jährige Geschichte zurück. Der Besucher erlebt ein Stadtensemble, das in seinem Aufbau kaum von der mittelalterlichen Bauweise

▲ *Die Stadt zu Füßen: Blick aus dem Schlossturm von Neideck* ▼ *Puppen im Schlossmuseum: Damen beim Tee* ▲ *Zwei der drei: Mühlburg und Burg Gleichen*

Das ›Haus zum Palmbaum‹ am Markt ist der Familie Bach gewidmet

abweicht. Ein typisches Charakteristikum sind die zahlreichen Brunnen, die bis Ende des 19. Jahrhunderts der Trinkwasserversorgung dienten. Der Hopfenbrunnen im Renaissancestil wurde zu einem Wahrzeichen der Stadt. Ein städtischer Brunnenmeister kümmerte sich einst um die Wartung der Trinkwasseranlagen. Rekonstruktion lautete nach 1990 das Schlüsselwort in der historischen Altstadt. Man restaurierte nicht nur wichtige Bauten wie das Schlossmuseum, die Bachkirche und Türme der Stadtmauer, sondern förderte auch die Sanierung von über 200 privaten Gebäuden. Bemerkenswert ist dabei das Engagement von Arnstadts Bürgern. Ein knappes Dutzend Vereine engagiert sich mit großzügigen Spenden und dem persönlichen Einsatz seiner Mitglieder für einzelne Bauwerke oder ganze Stadtteile. Potenzielle Vorhaben gibt es noch genug.

▲ Schlossmuseum: in der Bäckerei

▼ Viele Baustile säumen Arnstadts Marktplatz

SPECIAL

Stadt der Puppen

Rotbäckige Schauspieler in prächtigen Gewändern, feine Damen beim Kartenspiel, ein Mönch beim Biertrinken – die 82 Puppenstuben von Mon Plaisir bieten dem Betrachter ein detailreiches Abbild der höfischen, geistlichen und bürgerlichen Welt in der ersten Hälfte des 18. Jahrhunderts. Über zehn Jahre lang arbeiteten Handwerker im Auftrag der Fürstin Auguste Dorothea von Schwarzburg-Arnstadt (1666–1751) an den rund 400 Puppen. Man vermutet, dass für Stickereien und das Nähen der winzigen Gewänder sogar Hofdamen verpflichtet wurden. Die Fürstin hinterließ der Nachwelt durch ihre Sammelleidenschaft nicht nur ein großartiges Kunstwerk, sondern auch einen Schuldenberg. Und das, obwohl vermutlich nie jemand mit ihren Puppen spielte.

Ein liberales Fürstentum

Dank der thüringischen Kleinstaaterei trennen Arnstadt nur wenige Kilometer von einer weiteren Residenz. Schloss Friedenstein in Gotha wurde noch während des Dreißigjährigen Krieges begonnen und gilt als größte frühbarocke Schlossanlage Mitteldeutschlands. Herzog Ernst I. (der Fromme) von Sachsen-Gotha und Altenburg verhalf dem Fürstentum mit großem

▲ *Gotha: 1879 wurde in fürstlichem Rahmen das Museums der Natur eröffnet*

▲ *... reich verzierte Rathaus*

▼ *Den Gothaer Hauptmarkt schmückt das ...*

▼ Gotha ist auch eine junge Stadt: Treppe an der Wasserkunst

▼ Auch die Tambacher Ursaurier sind im Museum der Natur zu sehen

Reformeifer auf dem Gebiet des Schulwesens, der Justiz und des Gesundheitswesens zum Aufschwung – und machte es zum Vorbild für andere. Astronomen, Geologen und Kartografen zog es im 17. und

SPECIAL

Engagierte Denkmalpfleger

›Ohne die Stiftung Thüringer Schlösser und Gärten sähe es hier ganz anders aus‹, sagt eine Stadtführerin beim Rundgang durch Gothas historische Gebäude. Die meisten Kleinstädte mit ihrem umfangreichen Bestand an historischen Bauten und Kunstsammlungen hätten nicht genug Mittel zum Erhalt, geschweige denn zur Restaurierung der Kulturschätze. Aufgrund häufiger Erbteilungen und der damit verbundenen Kleinstaaterei entstanden in Thüringen vom Mittelalter bis ins ausgehende 19. Jahrhundert eine Vielzahl Schlösser, Burgen, Klöster und Parkanlagen. Für die 1994 errichtete Stiftung wurden 30 der bedeutendsten als Grundbestand ausgewählt, viele davon in der Region des Thüringer Waldes. Die Mitarbeiter der gemeinnützigen Institution kümmern sich um Pflege, Restaurierung und touristische Erschließung der Bauten. Fast vier Millionen Euro stehen der Stiftung jährlich aus Eigenmitteln für Investitionen zur Verfügung, dazu kommen Gelder von Gemeinden, dem Land, dem Bund und der Europäischen Union. So wird zur Zeit in Ranis und Greiz saniert, in Schmalkalden und auf Schloss Heidecksburg in Rudolstadt, wo die Stiftung ihren Sitz hat. ›Die Gemeinden profitieren davon in hohem Maße, denn es entstehen neue Besuchermagneten‹, sagt Dr. Susanne Rott von der Stiftung. Auch in Gotha gibt es noch Arbeit für mehrere Jahre. Dabei ist jede Unterstützung willkommen: ›Wir bekommen wertvolle Hilfe von Fördervereinen, die sich in fast allen Orten gegründet haben‹, so Rott. Und engagierte Bürger spenden nicht nur für die Sanierung ihrer Städte, sondern helfen auch, Bauwerke ohne eigenes Museum durch ehrenamtliche Führungen der Öffentlichkeit zugänglich zu machen.

18. Jahrhundert in die Stadt. Die Verlagslandschaft florierte – nicht nur durch den Sitz des auf Landkarten und Atlanten spezialisierten Justus Perthes Verlages, sondern auch durch den Erfolg des ›Gotha‹,

▼ Gothas Schloss Friedenstein ist eine gewaltige Anlage: Innenhof ...

▲ ... und Festsaal

▼ Unterwelt: Kasematten auf Friedenstein

▼ Das Ekhof-Theater im Schloss Friedenstein gehört zu den ältesten Bühnen Deutschlands

▲ Prächtige Stuckdetails im Festsaal

▼ Im Osten des Schlossparks steht die Orangerie

des Gothaischen Genealogischen Hofkalenders – eines Nachschlagewerks über die kaum noch nachvollziehbaren Verzweigungen des deutschen Adels. In jener Zeit legte das Herrscherhaus auch den Grundstock für eine beachtliche Kunstsammlung aus Gemälden, Plastiken, Porzellan, Möbeln, Antiken- und Münzkabinett, die heute weite Teile der Schlossanlage einnimmt.

SPECIAL

Der Vater des Schauspiels

Er war ›nur‹ der Sohn eines Schneiders und wurde doch zu einem der bedeutendsten Schauspieler seiner Zeit: Conrad Ekhof (1720–1778) leitete das Theater von Schloss Friedenstein, heute das älteste barocke Schlosstheater mit erhaltener Bühnenmaschinerie. Mit der hölzernen Anlage aus dem 17. Jahrhundert können über eine komplizierte Mechanik mehrere Wechsel des Bühnenbildes vorgenommen werden. Während man die Geräusche des Umbaus früher zu übertönen suchte, gehört die Verwandlung der Kulisse heute fest zu jeder Aufführung – zum Beispiel im Rahmen des jährlich stattfindenden Ekhof-Festivals. Der Namensgeber des Theaters kam mit seiner fahrenden Schauspieltruppe 1774 an den Hof. Ihm ist zu verdanken, dass zum ersten Mal ein Vertrag über ein festes Engagement unterzeichnet wurde. Und der als ›Vater der deutschen Schauspielkunst‹ titulierte Ekhof setzte durch, dass nicht nur die Hofgesellschaft, sondern auch normale Bürger in den Genuss der Vorstellungen kamen.

Gothas Unterwelt

Noch ganz unter dem Eindruck des Dreißigjährigen Krieges und aus Furcht vor den heranrückenden Türken ließ Ernst der Fromme sein Schloss Mitte des 17. Jahrhunderts weiter befestigen und verstärken. Wie aufwändig diese Maßnahmen tatsächlich waren, entdeckte man jedoch erst vor wenigen Jahren: Bei Grabungsarbeiten kamen verschüttete unterirdische Gänge ans Licht, Schießscharten und Galerien für mächtige Kanonenrampen, Verbindungstreppen und Luftschächte – ein zweieinhalb Kilometer langes labyrinthisches Netz aus Kasematten. ›Das war eine architek-

▲ Mächtiges Stück: Dampfmaschine im Tobiashammer von Ohrdruf

▼ Einst Sommerresidenz: Tenneberg

▼ Einladung zur Rast: Schloss Tenneberg

▲ Friedrichroda unterhalb seines Kirchturms: ... ▼ ... Funktionsprüfung nach Reparatur

▼ Friedrichroda leuchtet – in der Marienglashöhle

tonische Glanzleistung‹, schwärmt der Historiker, der durch die Gänge führt. In jedem Fall muss dabei ein Vermögen verschlungen worden sein.

Neugierig geworden, stießen Forscher im Schlossarchiv nicht nur auf die Pläne der Baumeister, sondern auch auf vergilbte Rechnungen für Handwerkerleistungen: Maurer, Steinbrecher, Bergleute, Kalkbrenner und Sandwäscher wurden zu Hunderten beschäftigt. Da war das Heer der ungelernten Arbeitskräfte weitaus billiger: Sie mussten umsonst schuften – in doppeltem Sinne, denn die Anlagen wurden nie benötigt. Schon hundert Jahre später schüttete man die Gänge zu und ebnete die Mauern ein, um Platz für den Schlosspark zu schaffen.

Straßenbahn in den Wald

Südlich von Gotha schimmern die Hügel des Thüringer Waldes in greifbarer Nähe. So nah, dass sie in einer einstündigen Fahrt mit der Gothaer Straßenbahn zu erreichen sind. Die so genannte Waldbahn startet am Bahnhof und rattert durch die Straßen der Stadt, um schließlich über Felder und Wiesen die Berge ins Visier zu nehmen. Unterwegs erlebt man die Dörfer einmal von ihrer ›Rückseite‹ – neue Siedlungen von Stadtflüchtlingen, weidende Tiere und gepflegte Gärten. Zahlreiche Kirchen, Schlösser und Museen laden unterwegs zu einer Rast ein. Schließlich erreicht man den Wald mit seinen sprudelnden Bächen und knorrigen Buchen.

Viele Reisende steigen beim Bahnhof der Marienglashöhle in Friedrichroda aus. Bis vor hundert Jahren wurde hier Gipsgestein abgebaut und als Stuckgips verkauft. Man förderte auch Selenit, die kristalline Form des Gipses. Dieses Mineral kann in feine Platten gespalten werden und ist dann durchsichtig wie Glas. Kirchen und Klöster verwendeten es, um Altäre und Gemälde zu verzieren – darunter Marienbilder, die dem Material seinen Namen gaben. Lichtdesigner der Dresdener Semperoper installierten in der Höhle eine Lichtshow. Unterlegt von sphärischen Klängen, verwandelt das Leuchten des Kristallglases den Raum in eine strahlende Schatzhöhle – und versetzt die Zuschauer in andächtiges Staunen.

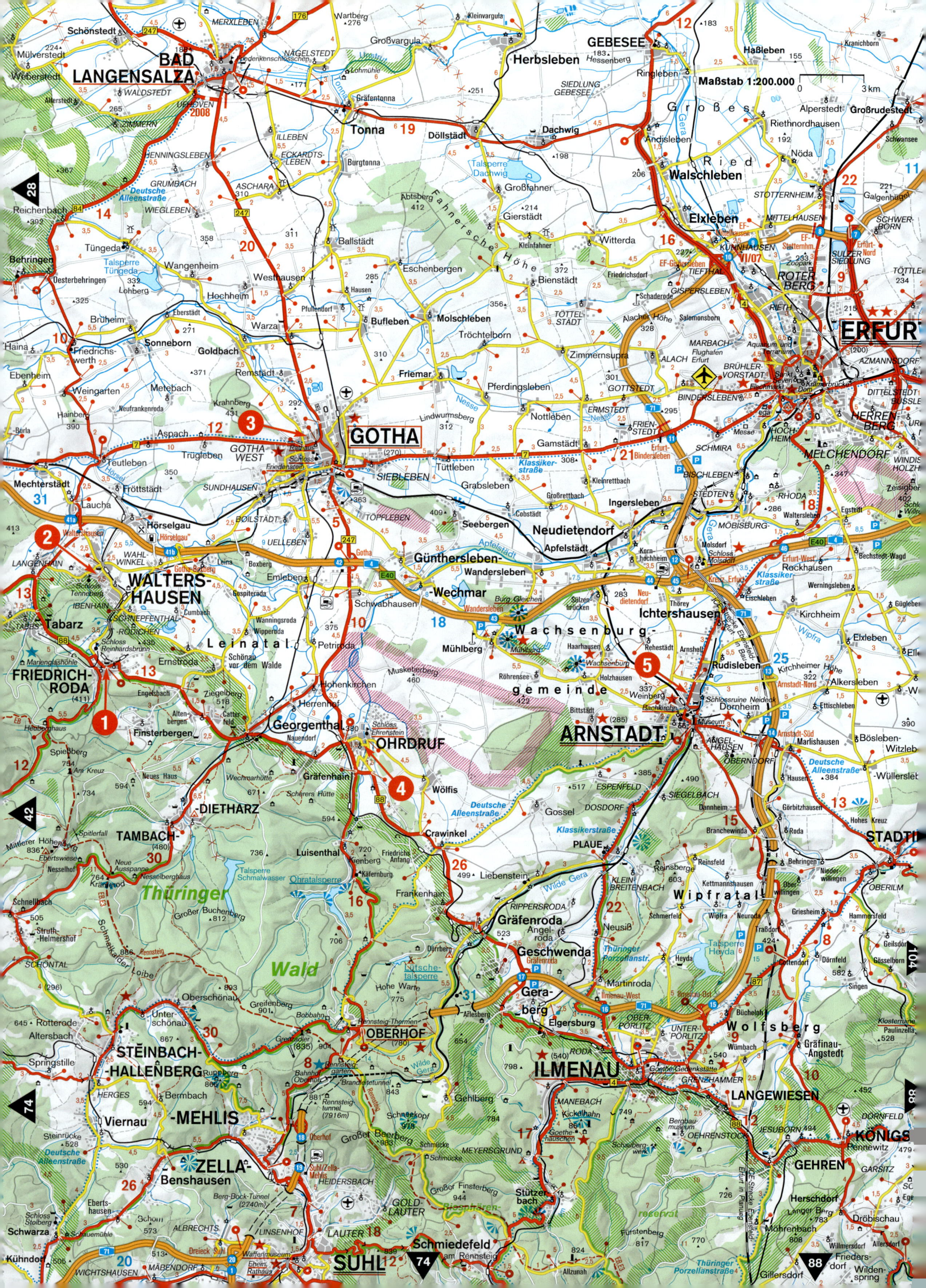

Maßstab 1:200.000
0
3 km
BAD LANGENSALZA
Schönstedt
Mülverstedt
Weberstedt
MERXLEBEN
NÄGELSTEDT
UFHOVEN
Großvargula
Herbsleben
GEBESEE
Haßleben
Kranichborn
Ringleben
Tonna
Gräfentonna
Burgtonna
Döllstädt
Dachwig
Talsperre Dachwig
Großfahner
Gierstädt
Kleinfahner
Andisleben
Walschleben
Elxleben
Großrudestedt
Alperstedt
Riethnordhausen
Nöda
Schwansee
Galgenhügel
STOTTERNHEIM
MITTELHAUSEN
KÜHNHAUSEN
TIEFTHAL
ROTER BERG
SULZER SIEDLUNG
Töttleben
ERFURT
GISPERSLEBEN
MARBACH
BRÜHLER-VORSTADT
Flughafen Erfurt
BINDERSLEBEN
HOCHHEIM
HERRENBERG
DITTELSTEDT
MELCHENDORF
WINDISCHHOLZHAUSEN
Zeisigberg
SCHMIRA
BISCHLEBEN
STEDTEN
MÖBISBURG
RHODA
Egstedt
Waltersleben
Molsdorf
Schloss Molsdorf
Rockhausen
Bechstedt-Wagd
Klassikerstraße
Werningsleben
Eischleben
Kirchheim
Gügleben
Wipfra
Elxleben
Ichtershausen
Thörey
Rudisleben
Kirchheimer Höhe
Alkersleben
Arnstadt-Nord
Ettischleben
Dornheim
Schlossruine Neideck
Bösleben-Witzleben
Marlishausen
Arnstadt-Süd
Deutsche Alleenstraße
Wüllersleben
Hausen
ANGELHAUSEN
OBERNDORF
ARNSTADT
Bittstädt
Siegelbach
Dannheim
Görbitzhausen
Branchewinda
Hohes Kreuz
STADTILM
Behringen
Niederwillingen
Oberwillingen
OBERILM
Reinsfeld
Kettmannshausen
Griesheim
Hammersfeld
Wipfratal
Wipfra
Neuroda
Traßdorf
Talsperre Heyda
Heyda
Dörnfeld
Gösselborn
Singen
Martinroda
Ilmenau-West
Ilmenau-Ost
Wolfsberg
Bücheloh
Wümbach
Gräfinau-Angstedt
Paulinzella
Klosterruine Paulinzella
GRENZHAMMER
LANGEWIESEN
ILMENAU
UNTERPÖRLITZ
OBERPÖRLITZ
Elgersburg
Geraberg
Geschwenda
Gräfenroda
Angelroda
Neusiß
KLEIN-BREITENBACH
PLAUE
Reinsberge
Thüringer Porzellanstraße
Schmerfeld
RIPPERSRODA
Liebenstein
Wilde Gera
Crawinkel
Gossel
DOSDORF
ESPENFELD
Wölfis
OHRDRUF
Schloss Ehrenstein
Gräfenhain
Frankenhain
Luisenthal
Ohratalsperre
Talsperre Schmalwasser
Friedrichs Anfang
Kienberg
Georgenthal
Nauendorf
Herrenhof
Hohenkirchen
Petriroda
Muskelberg
Mühlberg
Röhrensee
Wachsenburggemeinde
Holzhausen
Haarhausen
Wachsenburg
Rehestädt
Arnshall
Bachkirche
Weinberg
Sülzenbrücken
Neudietendorf
Ingersleben
Kornhochheim
Apfelstädt
Günthersleben-Wandersleben
Wechmar
Burg Gleichen
Wandersleben
Schwabhausen
Seebergen
Cobstädt
Großrettbach
Kleinrettbach
Gamstädt
Nottleben
Erfurt-Bindersleben
ERMSTEDT
FRIENSTEDT
GOTTSTEDT
ALACH
Alacher Höhe
Salomonsborn
Schaderode
Zimmernsupra
Pferdingsleben
Tröchtelborn
Töttelstädt
Bienstädt
Witterda
Friedrichsdorf
Fahnersche Höhe
Eschenbergen
Molschleben
Bufleben
Friemar
Ballstädt
Hausen
Westhausen
Pfullendorf
Warza
Goldbach
Remstädt
Sonneborn
Eberstädt
Brüheim
Hochheim
Wangenheim
Tüngeda
Talsperre Tüngeda
Lohberg
Behringen
Oesterbehringen
Reichenbach
Haina
Friedrichswerth
Ebenheim
Weingarten
Metebach
Hainberg
Neufrankenroda
Burla
Aspach
Krahnberg
Teutleben
Trügleben
GOTHA-WEST
GOTHA
SIEBLEBEN
Tüttleben
Grabsleben
Lindwurmsberg
TÖPPLEBEN
Fröttstädt
SUNDHAUSEN
BOILSTÄDT
UELLEBEN
Mechterstädt
Laucha
Hörselgau
Gotha-Boxberg
Emleben
Boxberg
Leina
Gospiteroda
WAHLWINKEL
WALTERSHAUSEN
Schloss Tenneberg
IBENHAIN
SCHNEPFENTHAL-RÖDICHEN
Cumbach
Wahlwinkel
Wannigsroda
Wipperoda
Leinatal
Schönau vor dem Walde
Ernstroda
Tabarz
Schloss Reinhardsbrunn
Marienglashöhle
FRIEDRICH-RODA
Engelsbach
Altenbergen
Catterfeld
Ziegelberg
Finsterbergen
Heuberghaus
Spießberg
Am Kreuz
Neues Haus
Wechmarhütte
Schwers Hütte
DIETHARZ
TAMBACH-DIETHARZ
Spitterfall
Mittlerer Höhe
Ebertswiese
Nesselhof
Neue Ausspanne
Nesselberghaus
Thüringer Wald
Großer Buchenberg
Schnellbach
Struth-Helmershof
SCHÖNTAL
Schmalkalder Loibe
Rennsteig
Oberschönau
Unterschönau
Greifenberg
Bobbahn
Rennsteig-Thermen
OBERHOF
Hohe Warte
Dörrberg
Lütsche-talsperre
Gehlberg
Schneekopf
Großer Beerberg
Schmücke
MEYERSGRUND
Großer Finsterberg
Stützerbach
Manebach
Kickelhahn
Goethe-häuschen
Schaubergwerk
Bergbaumuseum
OEHRENSTOCK
JESUBORN
KÖNIGSEE
Pennewitz
GARSITZ
GEHREN
Herschdorf
Langer Berg
Möhrenbach
Willmersdorf
Dröbischau
Friedersdorf
Wildenspring
Gillersdorf
Allzunah
Fürstenberg
Schmiedefeld am Rennsteig
SUHL
Lauter
GOLDLAUTER
HEIDERSBACH
Suhl/Zella-Mehlis
ZELLA-MEHLIS
Benshausen
Viernau
Bermbach
HERGES
Springstille
Altersbach
Rotterode
STEINBACH-HALLENBERG
Ruppberg
Steinrücke
Ebertshausen
Schwarza
Schloss Stolberg
Kühndorf
WICHTSHAUSEN
MÄBENDORF
ALBRECHTS
LINSENHOF
Dreieck Suhl
Berg-Bock-Tunnel (2740m)
Rennsteigtunnel (7916m)
Brandleitetunnel
28
42
74
88
104

Infos

Friedrichroda ①

Friedrichroda entstand als Siedlung des Klosters Reinhardsbrunn. Die Menschen lebten hier von Bergbau, Landwirtschaft und Handel. Mitte des 19. Jh. besuchten die ersten Kurgäste die Gemeinde, die in der DDR zum zweitgrößten Erholungsort aufstieg. Nach 1990 investierte man intensiv in die Erweiterung des Freizeitangebots. Seit 2000 verfügt Friedrichroda (5300 Einw.) über eine staatlich anerkannte Heilquelle.

Sehenswert: Beim Spaziergang entdeckt man zahlreiche **Gründerzeitvillen**, u. a. in der Alexandrinenstraße. In den **Kuranlagen** lassen Trinkpavillons das Heilwasser probieren. Am Stadtrand steht **Schloss Reinhardsbrunn** (1827, Park um 1850; Restaurierung als Hotel) auf den Grundmauern eines Benediktinerklosters, das 1085 (wie die Wartburg) der Thüringer Landgraf Ludwig der Springer gegründet hatte.

Museum: Das **Heimatmuseum** zeigt Stadtgeschichte (Reinhardsbrunner Straße 6; Di. 9.00–12.00, Mi. und Do. 10.00–12.00 und 14.00–17.00, Sa. 1.00–12.00 Uhr).

Aktivitäten: Der Nachbarort Tabarz verfügt über einen **Nordic-Walking-Park** mit fünf Strecken aller Schwierigkeitsgrade, regelmäßig Kurse und Lauftreffs (www.tabarz.de).

Veranstaltungen: Nichts für Langschläfer ist das **›internationale Bettenrennen‹**, bei dem die Teilnehmer in Betten auf Rädern einen komplizierten Parcours mit diversen Schikanen bewältigen müssen (1. Juli-Wochenende, www.bettenrennen.de). Am 1. Sept.-Wochenende findet das mittelalterlich ausgerichtete **Ludowingerfest** statt.

Umgebung: Die **Marienglashöhle** mit ihrer glitzernden Kristallgrotte ist ein ehem. Gipsbergwerk (1778–1903). Bei Führungen sieht man auch einen künstlichen Wasserfall und einen unterirdischen See (April–Okt. tgl. 9.00–17.00, sonst tgl. 9.00–16.00 Uhr).

ⓘ Kur- und Tourismus GmbH, Marktstraße 13, 99894 Friedrichroda, Tel. 03623/33200, Fax 03623/332029, www.friedrichroda.de

Eine erstaunliche Perspektive auf das Rathaus von Gotha, einen repräsentativen Renaissancebau

Waltershausen ②

Waltershausen (12 000 Einw.) und sein Schloss Tenneberg stammen aus der Zeit um 1200. Im 19. Jh. entwickelte sich der Ort u. a. zu einem Zentrum der Puppenherstellung.

Sehenswert: In der Mitte des denkmalgeschützten Marktes steht das älteste Fachwerk-**Rathaus** Thüringens (1441). Die barocke **Stadtkirche ›Zur Gotteshilfe‹** (1719 bis 1723) gilt in Grundriss und Bauweise als ein Vorläufer der Dresdener Frauenkirche (tgl. 10.00–12.00 und 14.00–16.00 Uhr).

Museum: Schloss Tenneberg (14. Jh. und 1714–1729) diente zeitweise als Sommerresidenz, Jagdschloss und Witwensitz der Gothaer Herzöge; herausragend sind der barocke Festsaal, das Treppenhaus mit seinen Deckengemälden sowie die Schlosskapelle. Das Schlossmuseum lohnt vor allem wegen der umfangreichen Puppenausstellung mit 1500 Puppen (Mai–Okt. Di.–So. 9.00 bis 16.00, sonst Mi.–So. 9.00–16.00 Uhr).

ⓘ Stadtinformation, Markt 1, 99880 Waltershausen, Tel. 03622/6300, Fax 03622/630290, www.waltershausen-online.de

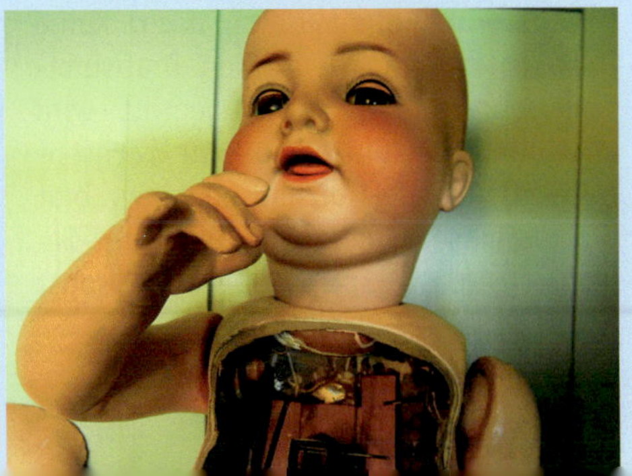

Blick ins Innenleben auf Schloss Tenneberg

Gotha ③

Erwähnt wurde die Stadt (46 900 Einw.) erstmals 775. Aufgrund der Lage an der westöstl. Handelsroute Via Regia entwickelte sie sich zu einem wichtigen Marktort (Stadtrecht 1180). Nach den Wirren des Dreißigjährigen Krieges setzte unter Herzog Ernst dem Frommen eine neue Blütezeit ein. Im 19. und 20. Jh. entstanden wichtige industrielle Produktionsstätten. 1820 wurde die erste ›Versicherung auf Gegenseitigkeit‹ gegründet. Der Tagungssaal des ›Tivoli‹ gilt als eine Geburtsstätte der deutschen Sozialdemokratie; Deputierte trafen sich 1875 hier und

TIPP

Sagenhaftes Burgenland

Es war wie ein Gottesurteil: In einer Mainacht im 13. Jh. schlugen gleichzeitig drei Blitze in die Wachsenburg, die Mühlburg und die Burg Gleichen. Wie lodernde Fackeln ragten damals die Festungen in die Nacht. Zwischen Gotha und Arnstadt gelegen, kann man die Silhouetten der ›Drei Gleichen‹ auch heute nicht übersehen. Die Burgen sind durch einen Wanderweg mit schönen Ausblicken verbunden, lassen sich aber auch mit dem Auto erreichen. Die Wachsenburg mit Ursprung im 10. Jh. beherbergt ein Hotel, eine Burggaststätte und ein Museum (Tel. 03628/74240, www.veste-wachsenburg.de; April–Okt. tgl. 11.00–16.00 Uhr, sonst Mo. geschl.). Die Mühlburg wurde erstmals 704 erwähnt; unterhalb der Ruine (Tel. 036256/22846) lohnt sich ein Spaziergang durch das gleichnamige Dorf. In der rund 1000 Jahre alten Burg Gleichen lässt sich ein kleines Museum besuchen (Tel. 036202/82440).

gründeten die Sozialistische Deutsche Arbeiterpartei. Die frühzeitige Kapitulation durch den Stadtkommandanten Josef Ritter von Gadolla ersparte der Stadt 1945 eine vernichtetende Bombardierung durch die Alliierten.

Plastiken, Antiken- und Ägyptensammlung, Münzkabinett, Kupferstichkabinett, Porzellansammlung); hier hat auch das Museum für Regionalgeschichte und Volkskunde seinen Sitz (Schloss Friedenstein; Mai–Okt.

Das ›Tambacher Liebespaar‹ gehört zu den bekanntesten Exponaten des Museums der Natur in Gotha

Sehenswert: Auf den Grundmauern der geschleiften Festung Grimmenstein entstand 1643–1655 **Schloss Friedenstein**; der sachliche Bau beherbergt das barocke Ekhof-Theater (Mai–Okt. Di.–So. 10.00–17.00, sonst bis 16.00 Uhr, Führungen 11.00 und 14.00 Uhr). In der barocken **Schlosskirche** sind die Stuckarbeiten und Deckengemälde bemerkenswert. Unter dem Schloss erstrecken sich die **Kasematten** (Führungen Di.–So. 13.00 und 14.00 Uhr). Der rund 21 ha große Schlosspark im englischen Stil grenzt an den Orangeriegarten und an **Schloss Friedrichsthal** (1708–1711). Auf dem Weg zum Hauptmarkt passiert man die Wasserkunst, eine Brunnenanlage mit sprudelnden Kaskaden. Zahlreiche Gebäude rund um den Markt tragen alte Hausmarken; besonders hervorzuheben ist das barocke **Cranachhaus** mit dem Pumpwerk der Wasserkunst (Hauptmarkt 17; Besichtigung durch Gotha Information). Das **Rathaus** wurde 1577 als Handelshaus errichtet (Hauptmarkt 1; tgl. 11.00 bis 16.00 Uhr). Vom Hauptmarkt zweigt der **Brühl** ab, eine der ältesten Gassen der Stadt. Die mittelalterliche Neustadt rund um den **Neumarkt** trug im Zweiten Weltkrieg starke Schäden davon; erhalten blieb die 1064 erstmals erwähnte Margarethenkirche, Begräbnisstätte Ernsts des Frommen und seiner Familie. 1251 gründeten Zisterzienserinnen ein Kloster, das sie später Augustinermönchen überließen; Martin Luther predigte mehrmals in der **Augustinerkirche** (14. Jh.; Mai bis Okt. Mo.–Fr. 10.00–16.00, Sa. und So. 14.00–16.00, sonst Mo.–Fr. 9.00–14.30 Uhr).

Museen: Im **Schlossmuseum** werden die Sammlungen präsentiert, die auf die herzogliche Kunstkammer zurückgehen (Gemälde, Di.–So. 10.00–17.00, sonst bis 16.00 Uhr). Im Ostflügel des Schlosses residiert die **Universitäts- und Forschungsbibliothek Erfurt/Gotha** mit Handschriften der Reformatoren und wertvollen Kalligraphien (Mo. 13.00 bis 17.00, Di.–Do. 9.00–17.00, Fr. 10.00 bis 19.00 Uhr). Im **Museum der Natur** findet man eine Ausstellung über Dinosaurier und zum Thüringer Wald (Parkallee 15; Mai bis Okt. Di.–So. 10.00–17.00, sonst bis 16.00 Uhr). Im **Haus der Versicherungsgeschichte** residiert das einzige versicherungsgeschichtliche Museum Deutschlands mit historischen Feuerversicherungsschildern und Versicherungsscheinen (Bahnhofstraße 3a; April bis Okt. Mi. 14.00–16.00, Sa. 10.00–12.00 Uhr, sonst nur Sa.). Die ehem. **Gaststätte ›Tivoli‹** ist Gedenkstätte (Am Tivoli 3; Mo.–Fr. 9.00 bis 16.00 Uhr).

Veranstaltungen: Beim **Ekhof-Festival** sind von Juni bis August im Ekhof-Theater Opern und Konzerte in historischen Inszenierungen zu sehen (Tel. 03621/222138, www.ekhof-festival.de). Zur Saisoneröffnung der Wasserkunst wird am 1. Mai-Wochenende zu Ehren des Schutzpatrons der Stadt das **Gothardusfest** veranstaltet (www.gothardusfest.de). Im Rahmen des **Kultursommers** sind im Schloss Ausstellungen, Musik, Theater und Kino zu erleben (Tel. 03621/823451). Beim **Barockfest** (letztes Aug.-Wochenende) im Schloss wird das Treiben einer fürstlichen Residenz im 18. Jh. nachempfunden. Ende Mai wird die Saison auf der **Galopprennbahn Gotha-Boxberg** eröffnet (www.rennverein-boxberg.de).

ⓘ Gotha-Information, Hauptmarkt 2, 99867 Gotha, Tel. 03621/222132, Fax 03621/222134, www.gotha.de

Ohrdruf 4

Um 725 gründete der Missionar Bonifatius hier das Michaeliskloster zur Christianisierung Thüringens (Stadtrecht 1348). Johann Sebastian Bach lebte hier von 1695 bis 1700 bei seinem ältesten Bruder Johann Christoph. Im 19. Jh. entstand Kleinindustrie.

Sehenswert: Schloss Ehrenstein wurde ab 1550 durch den Grafen von Gleichen an der Stelle des ehem. Benediktinerstifts errichtet (Erweiterungen bis 18. Jh.). Der barocke Turm der mehrfach zerstörten **Michaeliskirche** wurde 1999 neu errichtet.

Museen: Im Schloss befindet sich ein **Heimatmuseum** mit Objekten aus der Spielzeugherstellung, einer Sammlung von Bahrtüchern und Dokumenten zur Familie Bach (Schlossplatz 1; Di.–Do. 12.00–16.00, Fr.–So. 10.00 bis 12.00 und 13.00–16.00 Uhr). Der **Tobiashammer** wurde um 1480 als Eisen-, Draht-, und Sichelhammer erbaut; als technisches Museum zeigt er funktionstüchtige Fallhämmer, ein Walz-, Poch- und Schleifwerk sowie eine 300 Tonnen schwere Dampfmaschine (Suhler Straße 34, www.tobiashammer.de; tgl. 9.00–17.00 Uhr).

Umgebung: Georgenthal im Tal der Apfelstädt (westl.) geht auf den Bau eines Zisterzienserklosters im 12. Jh. zurück. 1525 wurden die Mönche durch aufständische Bauern vertrieben. Aus der Klosterzeit ist das ›Kornhaus‹ erhalten, mit einer prächtige Steinrosette an

TIPP

Heiß und fettig!

Nun ist es auch historisch belegt: Die Thüringer Bratwurst gibt es seit mindestens 600 Jahren. ›1 gr(oschen) vor darme czu brotwurstin‹ (ein Groschen für Bratwurstdärme) steht in einer vergilbten Rechnung, die ein Historiker im Thüringischen Staatsarchiv aufspürte. Dem konnte sich selbst die Europäische Union nicht verschließen und stellte die Grillware unter besonderen Schutz: Wo Thüringer Bratwurst draufsteht, muss sie auch drin sein. Bürger aus Arnstadt gründeten vor Freude gleich den Verein ›Freunde der Thüringer Bratwurst‹ und ein Museum dazu. Keine Frage, dass im Deutschen Bratwurstmuseum auch fleißig gegrillt wird (Hinter dem Gute 2, 99310 Wachsenburggemeinde-Holzhausen, www.bratwurstmuseum.net; Mai–Okt. Do.–Sa. 13.00–18.00, So. 11.00–18.00, sonst So. 11.00–17.00 Uhr).

Infos

Arnstadts Schloss Neideck: Modell und Original

der Stirnseite; im Inneren ist ein Lapidarium mit Fundstücken aus der Klosterzeit zu sehen. Der ›Hexenturm‹ diente im 17. Jh. als Gefängnis (www.georgenthal.de).

ⓘ Touristinformation, Marktplatz 1, 99885 Ohrdruf, Tel. 03624/330210, Fax 03624/313634, www.ohrdruf.de

Arnstadt 5

Arnstadt (25 700 Einw.) gilt als ältester urkundlich erwähnter Ort im mittleren Deutschland: 704 vermachte der Thüringer Herzog Hedan II. seine Besitzung ›Arnestati‹ Bischof Willibrord von Utrecht (Stadtrecht 1266). Nahe Handelsstraßen brachten Landwirtschaft und Handwerk einen kräftigen Aufschwung. Die heutige Nähe zur Landeshauptstadt Erfurt mit ihrem wirtschaftlichen Ballungsraum ließ Arnstadt zum industriellen Zentrum werden.

Sehenswert: Die **Liebfrauenkirche** gilt neben dem Naumburger Dom als bedeutendstes mitteldeutsches Gebäude aus der Übergangszeit zwischen romanischem und gotischem Baustil; um 1200 begann man mit dem Bau der dreischiffigen Basilika. Neben Glasmalereien aus dem 14. Jh., der Gruft der Schwarzburger Grafen und einem spätgotischen Flügelaltar beherbergt das Gotteshaus die ›Schöne Madonna‹, eine böhmische Schnitzplastik von 1415 (www.liebfrauenkirche.de). Östl. der Kirche sind am Neutorturm (15. Jh.) Reste der mittelalterlichen **Stadtmauer** erhalten. Ein weiteres Stadttor (14. Jh.) begrenzt den denkmalgeschützten **Riedplatz.** Von der einst hier befindlichen Pilgerkirche **St. Jakobus** ist noch der Glockenturm zu sehen. Auf dem Weg zum Markt passiert man die **Oberkirche** mit ihrer barocken Innenausstattung, die im 13. Jh. als Teil eines Franziskanerklosters entstand. Eine historische Uhr mit Anzeige der Mondphasen ziert am Markt die Fassade des dreigeschossigen Renaissance-**Rathauses** (1582/1586). Beeindruckend sind auch die **Tuchmachergaden**, eine Galerie aus 18 Sandsteinsäulen. Die **Bachkirche** entstand ab 1676 auf den Ruinen der abgebrannten Bonifatiuskirche im spätgotischen Stil; innen erstrahlt nicht nur die barocke Wender-Orgel von 1703 in neuem Glanz, die bereits J. S. Bach benutzte, auch die Steinmeyer-Orgel von 1913 wird noch bespielt (Mo.–Sa. 10.00–16.00, So. 11.00 bis 15.30 Uhr). Man vermutet, dass Bach seinerzeit im Bachhaus in der nahe gelegenen Kohlgasse 7 ein und aus ging, in dem sein Onkel Johann Christoph Bach lebte. Ein schlichter Park am Altstadtrand markiert die Stelle, an der sich der **Alte Friedhof** befand; 25 Mitglieder der Familie Bach sind hier begraben. Hier steht auch die achteckige barocke **Himmelfahrtskirche** (1743). Das einstige **Wasserschloss Neideck** entstand im 16. Jh. (1779 eingestürzt); in der Ruine lässt sich der 65 m hohe Turm besteigen. Im **Schlosspark** befindet sich neben dem Arnstädter Theater (1842) Thüringens ältestes **Gärtnerhaus** (16. Jh.); in ihm wird ein Modell der Stadt Arnstadt um 1740 gezeigt (Im Schlossgarten, www.stadtmodell. arnstadt.de; Mo.–Do. 10.00–14.00, Fr. 10.00–12.00, Sa. und So. 14.00–16.00 Uhr). Neben der Schlossruine steht das barocke **Neue Palais** (1735).

Museen: Die Sammlungen der Schwarzburger Fürsten mit Porzellankabinett, Gemälden, Glas und Bildteppichen bilden den Grundstock des **Schlossmuseums**; Herzstück der Sammlung ist die **Puppenausstellung ›Mon Plaisir‹** mit fast 400 handgearbeiteten Wachsfiguren. Im nahen Marstall ist ein Lapidarium mit Grabmalen des 18. Jh. zu sehen (Schlossplatz 1; Di.–So. 9.30–16.30 Uhr). Die neu gestaltete Bachausstellung im **›Haus zum Palmbaum‹** von 1589 verknüpft historische, musikalische und wissenschaftliche Elemente zu einem Gesamtbild der Bachzeit (Markt 3; Di.–So. 9.30–16.30 Uhr). Das 1867 gegründete Bahnbetriebswerk im Nordw. der Stadt wurde zu Beginn der 1990er-Jahre geschlossen und dient heute als **Museum für Dampflokomotiven** mit sommerlichen Bahnfesten und Lokparaden (Rehestädter Weg, Tel. 03628/537618; März–Okt. Do.–So. 10.00–17.00, sonst Sa. und So. 10.00 bis 16.00 Uhr). Ein privater Sammler trug historische Warenverpackungen und Werbeträger für die **Ausstellung Deutsche Reklame** zusammen (Zimmerstraße 7, Tel. 0170/2637618; April–Okt. n. Vereinb.). In der **Kunsthalle Arnstadt** ist zeitgenössische und moderne Kunst zu sehen (Angelhäuser Straße 1, www.kunsthalle-arnstadt.de; Mi. bis So. 12.00–18.00 Uhr).

Veranstaltungen: Ensembles aus aller Welt bespielen die Bühne des **Theaters im Schlossgarten** (Im Schlossgarten; www. theater-arnstadt.de). Im Rahmen der **Thüringer Bachwochen** veranstaltet Arnstadt im März ein Bach-Festival u. a. mit Konzerten, Führungen und Gottesdiensten. Am 3. Juni-Wochenende startet mit dem **Arnstädter Wollmarkt** eines der größten Volksfeste Thüringens. Am 1. Sept.-Wochenende steht das **Stadtfest** auf dem Programm. Bei der Tourist-Information beginnen regelmäßig **Stadtführungen.**

Umgebung: Am Südrand Arnstadts erinnern neben dem Tierpark ›Fasanerie‹ die Reste der **Alteburg**, eines ur- und frühgeschichtlichen Höhenortes, an frühe Siedlungsepochen der Region. Östl. liegt das Dorf **Dornheim**, in dessen Bartholomäuskirche Johann Sebastian Bach 1707 seine Cousine Maria Barbara geheiratet hat. In **Wechmar** (nordw.) befindet sich ein Museum mit der ältesten Wohnstätte der Familie Bach (Bachstraße 4; tgl. 10.00–17.00 Uhr).

Mit der Gothaer ›Waldbahn‹ geht es ins Grüne

ⓘ Tourist-Information, Markt 3, 99310 Arnstadt, Tel. 03628/602049, Fax 03628/661847, www.arnstadt.de

Theater auf Goethes Spuren

Rund um das Dreieck Oberhof, Meiningen und Suhl schlägt das Herz des Thüringer Waldes. Schon Goethe ließ sich hier zu Oden an die Natur um sein geliebtes Ilmenau hinreißen: ›Anmutig Tal, du immergrüner Hain‹, schrieb er 1783. In Meiningen nahm eine Theatergeschichte ihren Ausgang, deren Auswirkungen bis zur Filmindustrie reichten. Und in Suhl entdeckt man Spuren einer eindrucksvollen Geschichte als Waffenstadt. Sie liegt am Rande des verwunschenen Biosphärenreservates Vessertal.

Jenseits des Rennsteiggartens bei Oberhof verläuft die berühmte Höhenroute.

▲ Immer auf den Kämmen verlaufend, bietet der Rennsteig weite Blicke über das Bergland

▲ Natürliche Kostbarkeit: Große Sterndolde im Rennsteiggarten ▼ Der Rennsteig ist für alle da: Biker und Inlineskater, … ▲ … Wanderer und Langläufer

Wolkenloser Himmel. Klirrende Kälte. Tannen und Fichten beugen sich unter der Last des Schnees. Jeden Winter verwandeln sich die Kammlagen des Thüringer Waldes in eine Märchenlandschaft. Von überall strömen dann Sportler in die schneesicheren Regionen rund um Inselsberg, Schneekopf und Großen Beerberg.

›Paradies‹ für Wintersportler

Das 830 Meter hoch gelegene Oberhof ist eines der bekanntesten Wintersportzentren. Regelmäßig werden hier Meisterschaften im Biathlon, Bobfahren, Skispringen und Langlauf, im Rennrodeln, Skeleton und in der Nordischen Kombination ausgetragen. ›Wintersportler werden im Sommer gemacht‹, sagt ein geflügeltes Wort – der Besucher kann daher zu jeder Jahreszeit Zeuge eines Trainings werden. Dabei interessierte sich bis vor rund 100 Jahren noch niemand für die ›komischen Rutschbretter‹. Ab dem 15. Jahrhundert bestand der Ort neben einem Hospiz und einer Poststation nur aus wenigen ärmlichen Holzhäusern. Lediglich wenn die Schwarzburger Hofgesellschaft zur Jagdzeit im Herbst ihr Schlösschen bezog, kam etwas Leben auf.

Doch zu Beginn des 20. Jahrhunderts strömten zunehmend Sommerfrischler nach Oberhof, schossen Hotels und Pensionen aus dem Boden, und norwegische Skilehrer begannen die Thüringer für den Wintersport zu erwärmen. ›Ruhm und Ehre waren uns nicht so wichtig‹, sagt Wolfgang Fritzsche, der hier in seiner Jugend häufig von der Schanze sprang. ›Aber mit einem mutigen Sprung hatte man bei den Frauen einen Stein im Brett.‹

Der Skilehrer legt seine Region besonders den Langlauf-Anhängern ans Herz: ›Der Thüringer Wald ist eines der besten Reviere Mitteleuropas‹, schwärmt er. Fast der gesamte Rennsteig wird während der Wintermonate gespurt. ›Hier kann man tagelang laufen, ohne ein Haus zu sehen.‹

▼ Aus Kleinstaaterei-Zeiten: ein Dreiherrenstein

▼ Ab hier regiert die Natur

▲ Bei Merkel ist Präzision gefragt: Arbeiten am Lauf

▲ Kunstfertigkeit ist die Voraussetzung bei der Gravur

▼ Suhls Stolz: Simson im Fahrzeugmuseum

▼ Suhler Waffenmuseum: Kunstwerke und Tötungsinstrumente zugleich

▼ Beim Worldcup sind Suhler Erzeugnisse immer unter den Siegern

▲ Erinnerung ans Suhler Schmiedehandwerk

▼ Staunen bei den Meininger Dampfloktagen

Renommierte Waffenschmiede

Wintersportler nutzen auch Suhl als Ausgangspunkt. Einen Namen machte sich die 42 000-Einwohner-Stadt jedoch als Waffenschmiede Europas. Schon im Mittelalter wurde sie als das ›deutsche Damaskus‹ bezeichnet, in dem dank hochwertigen Eisens aus dem Thüringer Wald Schwerter und Rüstungen produziert wurden. Im Dreißigjährigen Krieg lieferte Suhl dann Musketen und Pistolen – ohne Ansehen, ob an Freund oder Feind. Später spezialisierten sich die Waffenschmiede auf teure Luxuswaffen für den Adel.

SPECIAL

Hollywood meets DDR

Die ›Glorreichen Sieben‹ ritten auch durch die DDR. Der Edelwestern mit Yul Brunner, Charles Bronson und Steve McQueen war im Jahr 1964 absoluter Renner in den Kinos. Kaum eine der weiblichen Verehrerinnen von McQueen konnte ahnen, dass ihr Star damals unter ihnen weilte – als offizieller Vertreter der USA. In Erfurt startete 1964 die 39. Internationale Sechstagefahrt für Motorräder mit dem Schauspieler als Teilnehmer, woran im Fahrzeugmuseum Suhl erinnert wird. Auf kreischende Groupies musste er allerdings vergeblich warten – die Presse war zum Schweigen verdonnert. Alle Suhler Augen waren damals auf das Rennen gerichtet, gingen doch erstmals Simson-Maschinen aus heimischer Produktion an den Start – Motorräder, die bis zur Wende große sportliche Erfolge feierten.

Heute leben noch rund 30 Büchsenmacher von ihrem Handwerk: ›Wir sind eine Art Maßschneider‹, sagt Innungsmeister Adamy. Jede Büchse wird so gebaut, dass sie optimal zu Größe, Körperhaltung und Verwendungszweck ihres Benutzers passt. Die Spezialisierung ist nicht mehr so hoch, aber es gibt immer noch Schloss- und Rohrmacher, Gewehrschäfter und Zielfernrohrmonteure. Nach 1990 entschlossen sich die Stadtväter, Suhl als ›Waffenstadt‹ zu präsentieren. Schließlich gibt es nur hier die Verbindung von Waffenproduktion, die deutschlandweit einzige Berufsfachschule für Büchsenmacher, ein modernes Schießsportzentrum und ein Waffenmuseum.

▲ *Kein bisschen leise: ›Hütesfest‹*

▼ *Hessensaal und ...*

▼ *... und Treppenhaus im Schloss Elisabethenburg*

▼ *Im Turm der Stadtkirche*

▲ *Meiningens Schloss Elisabethenburg ...*

▼ *... und Matinee im Theater*

Von Meiningen nach Hollywood

Auch das benachbarte Meiningen knüpfte in den letzten Jahren wieder an eine alte Tradition an. Das Hoftheater der einstigen Residenzstadt begann 1874 mit Inszenierungen von Werken Shakespeares, Schillers und Kleists einen Siegeszug durch 39 europäische Metropolen von London bis Kiew. Nicht mit leichtem Gepäck, sondern mit einem knappen Dutzend Güterwaggons voller Bühnenbilder, Requisiten und Kostümen. ›Erstaunlicherweise wurde bei diesen Gastspielen sogar Gewinn gemacht‹, erfährt man im Museum ›Zauberwelt der Kulisse‹, wo einige der prächtigen Bühnenbilder jener Zeit im Wechsel präsentiert werden. Es ist das Verdienst von Herzog Georg II. von Sachsen-Meiningen, der 1866 die Regentschaft und damit auch die Leitung des Theaters übernahm. Er trug nicht nur das finanzielle Risiko, sondern behielt als Intendant, Regisseur und Bühnenbildner in Personalunion alle Fäden in der Hand. Der ›Theaterherzog‹ führte dabei Reformen ein, die das Theater der folgenden Epochen entscheidend prägten – in der Konsequenz bis hin zur modernen Filmindustrie in Hollywood. So geht auf

SPECIAL

Die ›Hütes‹ der Frau Holle

›Morgens rund, mittags gestampft, abends in Scheiben, dabei soll's bleiben‹, lautet ein geflügeltes Wort über die Kloßleidenschaft der Thüringer. ›Sonntag ist traditionell Kloßtag in meiner Familie‹, sagt auch Frau Holle, die amtierende Kloßprinzessin von Meiningen. Frau Holle nämlich, eine alte germanische Göttin, die auch für ein Märchen der Brüder Grimm Pate stand, übergab dem Meininger Bürgermeister nach einer alten Legende das Rezept für die Spezialität. ›Hüt' es!‹, legte sie ihm ans Herz. Und die Meininger hüteten es bis heute – sie gelten als die Puristen unter den Kloßköchen. Keine Frage, dass die für zwei Jahre gewählte Frau Holle perfekte Kartoffelklöße mit Brüh' und Braten zaubern kann: ›Keine Faule-Weiber-Klöße aus der Tüte‹, betont sie. Jeden Sommer feiern die Meininger die runden Leckerbissen beim ›Hütesfest‹ – bis zu 6000 davon verdrücken sie dann pro Tag.

▲ Der Goethe-Wanderweg führt zu den vom Dichter geschätzten Orten: Turm und Gasthaus auf dem Kickelhahn, … ▼ … Aussichtspunkt Schwalbenstein

▲ *Ilmenau spiegelt sich gern in Goethes Glanz: ...*

▼ *... Brunnen vor Ilmenaus Amtshaus*

▲ *Des ›Wandrers Nachtlied‹*

▼ *Goethes Arbeitsplatz in Ilmenaus Amtshaus*

ihn dank herzoglicher Autorität nicht nur das moderne Regietheater zurück. Auch der heute selbstverständliche Grundsatz des Einfühlens in die Rolle durch den Schauspieler ist dem Wirken der Meininger zu verdanken. Kein Wunder, dass es heute noch heißt, Meiningen sei eigentlich keine Stadt mit Theater, sondern ein Theater mit Stadt.

SPECIAL

Asyl in Bauerbach

Schillerzitate, Schillermenüs, Schillerdorf – in Bauerbach kommt man an dem berühmten Dichter nicht vorbei. Unter dem Pseudonym ›Dr. Ritter‹ versteckte er sich hier von Dezember 1782 bis Juli 1783 vor dem Zorn seines Landesherrn auf einem Rittergut. Die Einsamkeit war der Kreativität zuträglich: Er vollendete in jener Zeit ›Kabale und Liebe‹, arbeitete an ›Don Carlos‹ und ›Maria Stuart‹. Literatur, Post, Papier und Unterhaltung holte er sich zu Fuß in Meiningen. Die gut 10 Kilometer lange Strecke kann man heute auf dem Schiller-Wanderweg erlaufen.

Auf Goethes Spuren

Auch Werke Johann Wolfgang von Goethes kommen in Meiningen zur Aufführung. Der berühmte Vertreter der Weimarer Klassik machte sich im Thüringer Wald nicht nur als Künstler, sondern auch als Politiker einen Namen: Am 3. Mai 1776 reiste er im Auftrag des Herzogs von Sachsen-Weimar-Eisenach zum ersten Mal nach Ilmenau. Mit großem Erfolg reformierte er das marode Finanz- und Steuerwesen der Stadt. Die Aufgabe, den einst florierenden Bergbau der Region wiederzubeleben, sollte ihn fast 25 Jahre lang beschäftigen. Bei seinen Anstrengungen als Leiter der Ilmenauer Bergwerkskommission hatte Goethe auch das Wohl der Bergleute im Auge, die er voller Mitgefühl ›arme Maulwürfe‹ nannte. Umso mehr muss ihn das Scheitern nach dem Bruch eines Stollens geschmerzt haben – danach wurde er 17 Jahre lang nicht in Ilmenau gesehen. Seine Spuren sind jedoch bis heute gegenwärtig: Hier wohnte Goethe. Dort speiste er regelmäßig. Und in diesem Haus feierte er seinen letzten Geburtstag. So heißt es

... wurde ein Naturrefugium: Vessertal

Aus einer Bergwerksregion ...

Im Freilichtmuseum beim Kloster Veßra

▲ Aus wehrhaft-feudalen Zeiten: Schloss Bertholdsburg in Schleusingen ▼ Im Dörfchen Vesser

überall entlang dem 18 Kilometer langen Goethe-Wanderweg. Während seiner insgesamt 28 Besuche in Ilmenau zog es ihn immer wieder in die wilde, einsame Landschaft der umliegenden Berge, wo er malte und naturwissenschaftliche Forschungen anstellte. Manche Orte inspirierten ihn in seinem dichterischen Schaffen. Zum Beispiel der Schwalbenstein, auf dem er 1779 an einem einzigen Tag den 4. Akt seiner ›Iphigenie auf Tauris‹ verfasste. Oder der 861 Meter hohe Kickelhahn, wo er im folgenden Jahr sein wohl berühmtestes Gedicht ›Wandrers Nachtlied‹ auf die Bretter einer Jagdhütte schrieb. Zuweilen zog es ihn auch in eine kleine Höhle unter dem Gipfel des Großen Hermannsteins, ›mein geliebter Aufenthalt, wo ich möchte wohnen und bleiben‹.

Königin der Schwarzbeere

An der Dramatik des Naturerlebnisses hat sich seit Goethes Zeiten nur wenig geändert. So auch im Biosphärenreservat Vessertal, wo sich der Thüringer Wald einmal von seiner bunten Seite zeigt. Jeden Mai beginnt die Farbenpracht in den Bergwiesen und Hochmooren. Aufmerksame Wanderer entdecken Lerchensporn und Buschwindröschen, Schlüsselblume und Veilchen, Sumpfdotterblume und Waldorchidee. Auch viele seltene Vögel wie Schwarzstorch, Wanderfalke und mehrere Spechtarten nisten in der Region, die schon 1979 von der Unesco unter Schutz gestellt wurde. Man hat sich zum Ziel gesetzt, die vorherrschenden Fichtenwälder wieder zu laubholzreichen Mischwäldern umzugestalten. In den Kernzonen des Reservates wurde jede wirtschaftliche Nutzung eingestellt, so dass dort urwaldähnliche Bestände entstehen können.

Wer im Juli und August ins Vessertal reist, holt sich wahrscheinlich eine blaue Zunge: Überall an den Büschen prangen saftige, reife Heidelbeeren und verführen zum Naschen. Die Dorfbewohner verfallen dann regelmäßig ins Sammelfieber, denn derjenige mit den meisten Beeren bekommt die Krone des ›Schwarzbeerkönigs‹ aufgesetzt. Beim Schwarzebeersfest werden die Früchte feierlich gewogen – und gemeinsam in Form von Heidelbeerkuchen verspeist.

BAD LIEBENSTEIN
Naturpark
Trusetal
Kleinschmalkalden
TAMBACH-DIETHARZ
Gräfenhain
Wölfis
Crawinkel
Maßstab 1:200.000
Seligenthal
Thüringer
Wald
Floh-
Fambach
SCHMALKALDEN
Luisenthal
Frankenhain
Gräfenroda
Geschwenda
Gera-berg
Elgersburg
ILMENAU
OBERHOF
STEINBACH-HALLENBERG
MEHLIS
ZELLA-
Benshausen
Viernau
WASUNGEN
Walldorf
SUHL
Schmiedefeld am Rennsteig
Stützerbach
Frauenwald
MEININGEN
Rohr
Dillstädt
Schmeheim
Oberstadt
Nahetal-Waldau
Sankt Kilian
SCHLEUSINGEN
THEMAR
Masserberg
Schleusegrund
Henfstädt
Obermaßfeld
Grimmenthal
Ritschenhausen
Jüchsen
Auengrund
HILDBURGHAUSEN
Sachsenbrunn
EISFELD
Veilsdorf
Haina
RÖMHILD
Gleichamberg
Straufhain
BAD RODACH
Meeder
Herbstadt
Trappstadt
BAD KÖNIGSHOFEN
Großeibstadt

Infos

Strauß von Schiller-Erinnerungen in Bauerbach

MEININGEN 1

Schon kurz nach der ersten Erwähnung 982 fiel Meiningen (22 600 Einw.) für rund 500 Jahre an das Bistum Würzburg. 1680–1918 war die Stadt Residenz des Herzogtums Sachsen-Meiningen. Nach der Wende knüpfte Meiningen wieder an seine Theatertradition an.

Sehenswert: **Schloss Elisabethenburg** wurde 1682–1692 als dreiflügelige Barockanlage erbaut. Hinter dem neoklassizistischen **Meininger Theater** (1909) erstreckt sich der **Englische Garten** aus dem 18. und 19. Jh. Die 1000 Jahre alte **Stadtkirche ›Unserer lieben Frau‹** erfuhr mehrfache Umbauten. Wenige Gebäude überstanden den Stadtbrand von 1874, u. a. das Büchnersche Hinterhaus (1596, Georgstraße 20). Interessant ist der Erker des **Schlundhauses** (Untere Marktgasse), eine Nachbildung des Originals von 1597.

Museen: Die herzoglichen **Sammlungen im Schloss** umfassen Malerei, Plastik und Kunsthandwerk aus acht Jahrhunderten sowie eine Ausstellung zur Musikgeschichte (Schlossplatz 1, www.meiningermuseen.de; Di.–So. 10.00–18.00 Uhr). Im **Theatermuseum** ›Zauberwelt der Kulisse‹ in der ehem. herzoglichen Reithalle aus dem 18. Jh. werden einzelne historische Bühnenbilder im Wechsel präsentiert (Schlossplatz 2; Vorführungen Di.–So. 10.00, 12.00, 14.00 und 16.00 Uhr). Das **Literaturmuseum** residiert im ehem. Wohnhaus des Dichters Rudolf Baumbach (›Hoch auf dem gelben Wagen‹; Burggasse 22; Di.–Fr. 10.00–12.00 und 13.00–18.00, Sa. und So. 14.00–16.00 Uhr). Das **Zweiradmuseum** zeigt 1949–1990 hier gefertigte Fahrzeuge (Landsberger Straße 144, www.mzm-ev.de; Mi. und Sa. 13.00–16.00 Uhr).

Veranstaltungen: Der Spielplan des **Meininger Theaters** umfasst Operette, Schauspiel, Ballett und Puppentheater (Bernhardstraße 5, Tel. 03693/451222, www.das-meininger-theater.de). Im Juli wird das **›Hütesfest‹** zu Ehren der Thüringer Klöße begangen. Mit dem Weihnachtsmarkt (ab 1. Dez.) klingt das Veranstaltungsjahr aus. Stadtführungen finden Sa. um 14.00 Uhr von der Tourist-Information aus statt.

Aktivitäten: Der **Johannes-Brahms-Wanderweg** folgt einer Strecke, die der Komponist gerne gegangen sein soll.

Umgebung: **Schloss Landsberg** (nördl.) entstand ab 1836 auf den Resten einer alten Burganlage (Urspr. 11. Jh.) im neugotischen Stil (heute Hotel). Die Michaeliskirche in **Rohr** (östl.) gilt mit ihren Malereien aus karolingischer Zeit als eines der interessantesten Gotteshäuser in Thüringen (Linde 2; Di.–Fr. 9.00–17.00, Sa. und So. 14.00 bis 17.00 Uhr). Im **Bauerbacher** Schiller-Museum ist das Arbeits- und Schlafzimmer des Dichters erhalten (Hauptstraße 3; Sa. und So. 10.00–17.00, im Winter bis 15.00 Uhr); jeden Sommer führen die Bauerbacher in einem Naturtheater Schillers Dramen auf (www.naturtheater-bauerbach.de).

ⓘ Tourist-Information, Markt 14,
98617 Meiningen, Tel. 03693/44650,
Fax 03693/446544, www.meiningen.de

STEINBACH-HALLENBERG 2

1936 erhielt Steinbach-Hallenberg (6000 Einw.) Stadtrecht. Der Ort wurde lange Zeit vom Metallhandwerk geprägt.

TIPP

Unter Dampf

Bei den Meininger Dampfloktagen im Sept. dürfen Bahnfans selbst einmal eine Lokomotive steuern. 1863 gegründet, arbeiteten im Dampflokwerk einst bis zu 2000 Beschäftigte. Inzwischen hat sich der Betrieb auf ausgefallene Reparatur- und Konstruktionsaufträge für Dampfloks spezialisiert. Jeden 1. und 3. Sa. im Monat (10.00 Uhr) kann man den Profis über die Schulter sehen und einen Blick in Lokhalle, Anheizhaus und Kesselschmiede werfen. Viermal jährlich finden Sonderzug-Fahrten statt (DB Fahrzeuginstandhaltung, Am Flutgraben 2, Tel. 03693/851602 www.dampflokwerk.de).

Sehenswert: Über dem Ort ragen die Türme der **Ruine Hallenburg** (Urspr. 13. Jh.) empor; Turmbesichtigung auf Anmeldung bei der Touristinformation.

Museum: Das **Metallhandwerksmuseum** im Heimathof erinnert an Bergbau und Eisenverarbeitung in der Region. Auf Anmeldung erfolgen Demonstrationen in handwerklichen Schauwerkstätten (Hauptstraße 45; April bis Okt. Di.–Fr. 10.00–16.00, Sa. 10.00–15.00, sonst Di.–Fr. 10.00–16.00 Uhr).

Veranstaltung: Im Sept. findet das **Schmiedefest** statt, auf dem mehrere Akteure die Tradition des Handschmiedens aufleben lassen.

ⓘ Touristinformation, Hauptstraße 45,
98587 Steinbach-Hallenberg,
Tel. 036847/41065, Fax 036847/41066,
www.steinbach-hallenberg.de

Blick vom Turm der Stadtkirche auf Meiningens Zentrum

Zella-Mehlis ③

Die Stadt entstand 1919 durch den Zusammenschluss von Mehlis und Zella-St.Blasii. Zunächst ein Schwerpunkt von Waldwirtschaft, Bergbau und Handwerk, wurde der Ort später durch die Herstellung von Jagdwaffen bekannt.

Sehenswert: Das **Bürgerhaus** in hennebergisch-fränkischem Fachwerk (17. Jh.) beherbergt ein Kulturzentrum und eine Galerie.

Museen: Das **Museum** in der Beschussanstalt widmet sich der Stadt- und Technikgeschichte, u. a. dem Büchsenmacherhandwerk (Anspelstraße 25; Di.–Fr. 10.00–17.00, Sa. und So. 10.00–16.00 Uhr). Das technische **Museum Gesenkschmiede** in Lubenbach zeigt historische Maschinen und Schmiedevorführungen (Lubenbachstraße 4; Mo.–Do. 10.00–16.00, Fr. 9.00–12.00 Uhr).

TIPP

Haie im Wald

Piranhas drehen mit gewetzten Zähnen ihre Kreise. Krokodile warten mit geöffnetem Maul auf Beute. Haie streiten sich ums Mittagessen. Im Erlebnispark Meeresaquarium in Zella-Mehlis erlebt man die Unterwasserwelt tropischer Ozeane und anderer Gewässer: Korallen, Seeanemonen, lebende Steine, Moränen und Kugelfische gehören dazu. 60 Aquarien im Innenbereich, ein Koi-Park und ein Krokodilhaus sind Teil der Anlage. Nicht verpassen sollte man die Haifütterung jeden So. um 15.00 Uhr (Beethovenstraße 16, www.meeresaquarium-zella-mehlis.de; tgl. 10.00–18.00 Uhr).

Veranstaltungen: Das Stadtfest **Ruppertusmarkt** bietet im Sept. Händlermarkt, Folklore und Bühnenshows. Zur **Walpurgisnacht** am 30. April wird der Winter ausgetrieben.

ⓘ Tourist-Information, Louis-Anschütz-Straße 28, 98544 Zella-Mehlis, Tel. 03682/482840, Fax 03682/487143, www.zella-mehlis.de

Oberhof ④

Die Geschichte Oberhofs begann 1470 mit der Erwähnung als ›Oberhof die Herberge auff'm Schwarzwald‹. Lange Zeit ein kleines Walddorf, brach rund um 1900 aufgrund wachsender Besucherströme ein Bauboom aus. Seitdem gilt der Ort als Wintersportrevier par excellence.

Sehenswert: Im **Rennsteiggarten** sind 4000 Arten von Gebirgspflanzen zu sehen (Mai bis Sept. zgl. 9.00–18.00, Okt. 9.00–17.00 Uhr). Im **Exotarium** leben Reptilien, Amphibien, Insekten und Fische (Crawinkler Straße 1, www.exotarium-oberhof.de; tgl. 10.00–18.00 Uhr).

Museum: In der **Thüringer Wintersportausstellung** wird die Tradition von Eissport, Rodeln und Rennschlitten dokumentiert (Crawinkler Straße 2; tgl. 10.00–17.00 Uhr).

Aktivitäten: Kletterfans finden im **Hochseilgarten Woodjump** Herausforderungen (Crawinkler Straße 2a, www.woodjump.de). Wasserratten besuchen die **Rennsteigthermen** (Dr.-Curt-Weidhaas-Straße, www.rennsteigthermen.de; tgl. 10.00–22.00 Uhr). TOP ZIEL Im Winter stehen für **Abfahrtsläufer** zwei Gebiete zur Verfügung: Die 800 m lange Piste am Fallbachlift (tgl. 9.00–16.00 Uhr) ist leicht bis mittelschwer, wird ggf. künstlich beschneit und dreimal in der Woche mit Flutlicht ausgeleuchtet (Mi., Fr. und Sa. 18.00 bis 22.00 Uhr). Am leichten Skihang Alte Golfwiese (300 m) läuft ein Schlepplift (tgl. 10.00 bis 16.00 Uhr). TOP ZIEL **Langläufer** finden ein Netz von Skiwanderwegen und Loipen. **Biathlonschießen** mit erfahrenem Trainer bietet der Thüringer Wintersportverein an (Tel. 036842/22116, www.wsv-oberhof-ev.de). Auf der vereisten **Rennschlitten- und Bobbahn** sind von Nov. bis Febr. Gästefahrten möglich (www.gaestebob.de). Ein **Infotelefon** informiert über Witterung und Schneehöhen, gespurte Loipen und Lifte (Tel. 036842/26921).

Umgebung: Einen schönen Rundblick genießt man vom 978 m hohen **Schneekopf** (südl.). Im dortigen **Schmücke** steht auf 916 m das höchstgelegene Gasthaus Thüringens.

ⓘ Oberhof-Information, Crawinkler Straße 2, 98559 Oberhof, Tel. 036842/2690, Fax 036842/26920, www.oberhof.de

Ilmenau ⑤

Die Anfänge Ilmenaus gehen auf das 12. Jh. zurück. Bergbau gilt als einer der frühesten Erwerbszweige. Später kamen Glas- und Porzellanherstellung hinzu. 1894 wurde das Technikum Ilmenau gegründet, ein Vorläufer der heutigen Technischen Universität. Mehr als ein Fünftel der 32 000 Einw. sind Studenten.

Erinnerung an den großen Dichter

Sehenswert: Neben dem **Rathaus** (1768–1786) steht das barocke **Amtshaus** (1756); dort beginnt der TOP ZIEL **Goethe-Wanderweg** nach Stützerbach. Die Stadtkirche **St. Jakobus** (1761) erfuhr diverse Um- und Neubauten. Die alte **Posthalterei** war ein Gasthaus, in das auch Goethe mehrfach einkehrte. Am Stadtrand sind eine **Bergmannskapelle** (1700) und ein historisches **Zechenhaus** (um 1730) zu sehen.

Museum: Das **Museum** der Stadt Ilmenau mit **Goethe-Gedenkstätte** im Amtshaus (1616) dokumentiert dessen Wirken für den Kupfer- und Silberbergbau (Am Markt 1; geschl. bis Mitte 2008).

Veranstaltungen: Im April finden die **Ilmenauer Jazztage** statt (www.jazzclub-ilmenau.de), am 1. Juni-Wochenende folgt das **Altstadtfest**. Das **Kickelhahnfest** wird am Wochenende um Goethes Geburtstag (28. Aug. 1749) veranstaltet. **Stadtführungen** werden Mai bis Okt. Mi. 10.00 und Fr. 16.00 Uhr ab dem Fremdenverkehrsamt veranstaltet.

Umgebung: Auf dem **Kickelhahn** steht eine Nachbildung jener Jagdhütte, in der Goethe dichtete (1874), sowie ein Aussichtsturm von 1854. Häufig weilte Goethe in **Stützerbach** im Haus eines Glashüttenbesitzers; dort sind Objekte seiner naturwissenschaftlichen Studien ausgestellt. Das **Jagdhaus Gabelbach** (1783) zeigt Jagdutensilien aus Goethes Zeiten (beide April–Okt. Sa. und So. 10.00–17.00, sonst Sa. und So. 10.00–15.00 Uhr).

ⓘ Fremdenverkehrsamt, Lindenstraße 12, 98693 Ilmenau, Tel. 03677/202358, Fax 03677/202502, www.ilmenau.de

Suhl ⑥

Erzbergbau und Eisenverarbeitung zählten zu den ersten Erwerbszweigen der knapp 700 Jahre alten Stadt (41 400 Einw.). Das Waffenhandwerk prägte die ›Rüstkammer Europas‹ ab dem späten

Infos

Mittelalter. Der alte Stadtkern fiel sozialistischer Umgestaltung zum Opfer.

Sehenswert: Einige historische Gebäude wie das **Rathaus** (1817 und 1903) sind am Marktplatz zu sehen. In seiner Mitte steht das **Denkmal des Waffenschmiedes** (1903), Wahrzeichen der Stadt. Die Hauptkirche **St. Marien** (1491 und 1769) weist Dekorationen im Rokokostil auf. Der **Steinweg** wird von Fabrikantenhäusern und Handelshöfen gesäumt. Die **Stadtbibliothek** (Bahnhofstraße 10) wird zum abendlichen Highlight, wenn die in der Glasfassade eingedruckten Gedichtzeilen beleuchtet sind.

Museen: Das **Waffenmuseum** im hennebergfränkischen Fachwerk-›Malzhaus‹ (1663) zeigt Militär-, Jagd- und Sportwaffen aus sieben Jahrhunderten (Friedrich-König-Straße 19, www.waffenmuseumsuhl.de; bis Mai 2008 kleine Ausstellung im nahen Congress Centrum; tgl. 10.00–18.00 Uhr). Die Sammlung des **Fahrzeugmuseums Suhl** reicht vom Kinderwagen über Fahrräder und den hier produzierten Simson-Motorrädern bis zu Oldtimern (ab April 2007 im Atrium des Congress Centrums Suhl, Friedrich-König-Straße 7; April–Sept. Di.–So. 9.00–17.00, sonst bis 16.00 Uhr).

Suhler Attraktion: Texthort Stadtbibliothek

Veranstaltung: Größtes Ereignis ist alle zwei Jahre das einwöchige **Suhler Schützenfest** mit Kultur, Schützenball, Festumzug und Schießwettbewerb (Sept., wieder 2007).

Aktivitäten: Das **Schießsportzentrum** Suhl-Friedberg bietet ›Jedermann-Lehrgänge‹ und Schießstunden (Schützenstraße 6, Anmeldung Tel. 03681/8840). Das Erlebniszentrum **Phänomania** zeigt eine interaktive Ausstellung über physikalische Phänomene (Am Königswasser 5, www.phaenomania.de; tgl. 10.00–18.00 Uhr).

Umgebung: Vesser (14 km südöstl.) ist Ausgangspunkt für das Biosphärenreservat Vessertal; am letzten Juli-Wochenende findet hier das Schwarzebeersfest statt (www.vesser.de). Der Förderverein Biosphärenreservat (www.br-vessertal.de) und der Besucherdienst des Parks (www.biosphärenreservat-vessertal.de) organisieren naturkundliche Führungen. An den jahrhundertelangen Erzbergbau für die Suhler Schmiedewerkstätten erinnert das Bergbaumuseum ›Schwarze Crux‹ mit Mineralien und Werkzeugen (Crux-Straße 1, www.schwarzer-crux.com; Fr.–Mi. 10.00–18.00 Uhr).

ⓘ Tourist-Information, Friedrich-König-Straße 7, 98527 Suhl, Tel./Fax 03681/720052, www.suhl-tourismus.de

Schleusingen 7

Der mittelalterlich wirkende Erholungsort (5900 Einw.) am Südrand des Thüringer Waldes wurde 1232 erstmals erwähnt (Stadtrecht 1412).

Sehenswert: Schloss Bertholdsburg (Urspr. um 1225) war mehr als 300 Jahre lang Sitz der Grafen von Henneberg; vom Hauptturm des Renaissancebaus fällt der Blick auf Stadt und Umgebung. Am Marktplatz befindet sich neben dem **Marktbrunnen** von 1710 das **Rathaus** (17. Jh.). Der **Heckenturm** gehörte einst zur mittelalterlichen Stadtbefestigung. Erhalten blieb auch die 1300 erbaute **Vincent-Wassermühle**.

Museen: Das **Naturhistorische Museum** im Schloss zeigt geologische, mineralogische und regionalgeschichtliche Sammlungen (Burgstraße 6, www.museum-schleusingen.de; Di.–Fr. 9.00–17.00, Sa. und So. 10.00 bis 18.00 Uhr).

Veranstaltungen: Im **Künstlerhof ›Roter Ochse‹** (Elisabethstraße) finden Musikveranstaltungen, Lesungen und Ausstellungen statt. Größtes Fest ist das **Burg- und Stadtfest** (Juni). Am **Bergsee Ratscher** gibt es in jedem Sommer ein großes **Countrymusik-Festival** (www.ratscher.de).

Umgebung: Das 1131 gegründete **Kloster Veßra** (10 km westl.) spielte bis zur Reformation eine bedeutende Rolle. Die Anlage umfasst romanische und gotische Gebäude. Das Hennebergische Museum dokumentiert die Geschichte des Klosters und des Henneberger Landes; zu sehen sind umgesetzte Häuser im Fachwerkstil sowie Objekte aus Landwirtschaft und Handwerk (www.museumklostervessra.de; April–Sept. tgl. 9.00–18.00, Okt. tgl. 10.00 bis 17.00, sonst Di.–So. 10.00–17.00 Uhr).
Die Region um **Themar** (12 km westl.) wurde als eine der ersten im Werratal besiedelt; der Ort besteht seit dem 8. Jh. Am Marktplatz ist das rekonstruierte Rathaus (1711) zu sehen. Zu den schönsten Häusern zählt das ehem. Amtshaus (1665). In der Stadtkirche St. Bartholomäus (15. Jh.) findet man Reliefdarstellungen und einen Marienaltar von 1510. Von der Stadtmauer blieben u. a. der Hexenturm und der Pulverturm (www.themar.de).

ⓘ Touristinformation, Markt 6, 98553 Schleusingen, Tel. 036841/31561, Fax 036841/31563, www.schleusingen.de

Hildburghausen 8

Besondere Bedeutung für die Kreisstadt (Stadtrecht 1324; 12300 Einw.) hatte 1828 die Verlegung von Joseph Meyers Bibliographischem Institut von Gotha nach Hildburghausen – hier erschien die Erstausgabe von Meyers Conversations-Lexicon. An die Residenzzeiten des Fürstentums Sachsen-Hildburghausen (1680–1826) erinnert nur der Schlosspark.

Sehenswert: Das Renaissance-**Rathaus** gilt als eines der ältesten Gebäude der Stadt (1395 und 1595). Das unverändert bespielte **Theater** wurde 1721 als Ball- und Fechthaus errichtet und 1755 zum herzoglichen Hoftheater umgestaltet. Die **Christuskirche** entstand 1785 im nüchternen Spätbarock.

Museen: Das **Stadtmuseum** in der Alten Post dokumentiert Geschichte, u. a. die des Verlegers Carl Joseph Meyer (Apothekergasse 11, www.museum-hildburghausen.de; Di.–So. 10.00–17.00 Uhr). Neben dem Bertholdstor befindet sich ein **Milch- und Reklamemuseum** (Knappengasse; Di.–Fr. 9.30 bis 16.30, Sa. und So. 13.30–16.30 Uhr).

Veranstaltung: Ein Volksfest ist das **Theresienfest** Anf. Okt.

ⓘ Touristinformation, Markt 25, 98646 Hildburghausen, Tel. 03685/40583, Fax 03685/405840, www.hildburghausen.de

Hochburg des Handwerks

Blauschwarz verkleidete Häuser mit schwarz gedeckten Dächern verleihen den Dörfern des Thüringer Schiefergebirges ihren unverwechselbaren Charakter. In Jahrmillionen aus Tonsedimenten entstanden, diente der Schiefer zahlreichen Industrien als Rohstoff. Die Menschen trotzten der Natur in dieser Region ihre Schätze ab – in Form von Gold oder Glas, Früchten, Kräutern oder Holz. Überall in Stuben und Kammern entstanden kleine Werkstätten von Handwerkern. Im Laufe der Jahrhunderte erwuchs daraus eine Tradition, die bis heute gepflegt wird.

Ein ganz persönlicher Goldrausch lässt sich in den thüringischen Bächen erleben.

▲ Glitzert da Gold? Reiner Grüneck hilft

▼ Das Oberweißbacher Friedrich-Fröbel-Haus zeigt auch ...

▼ ... eine Olitätensammlung

▲ Fröbel sorgte für einen neuen Blick auf das Kind: Museum in Oberweißbach

▲ So sieht goldhaltiges Gestein aus

▼ Kräutergärten haben Tradition in der Region: in Meura

Gold, Gold!‹, schallt es laut durch den Wald. Eine junge Frau steht bis zu den Knien im Wasser des Bachs Grümpen und hält ihren Zeigefinger hoch. Auf der Spitze glitzert es. Zwölf Hobby-Goldsucher in Gummistiefeln lassen Schaufeln, Eimer und große Pfannen fallen, um den Fund zu bestaunen. Wer hätte das mitten in Deutschland erwartet? Dabei sind solche Funde im Thüringer Wald gar nicht ungewöhnlich. Schon bronzezeitliche und keltische Erzsucher hatten die Bäche und Flüsse durchwühlt. Im Mittelalter herrschte ein wahrer Goldrausch – Namen wie Goldisthal, Reichsmannsdorf oder Theuern zeugen davon. Und im 18. Jahrhundert wurde es halbindustriell: Mühlengetriebene ›Pochwerke‹ zerkleinerten das Erz. Die ›Pochschuhe‹ zum Zerklopfen der Steine, Werkzeuge der Arbeiter und Goldpfannen aus aller Welt zählen zum Inventar des Gold-Museums in Theuern. Und natürlich Goldfunde in allen Größen: Goldstaub, Goldflitter, Goldkörner, Goldstücke. Museumsleiter Markus Schade fand sogar schon einen echten ›Nugget‹, nussgroß. ›Eine echte Ausnahme‹, sagt er. ›Die meisten Funde bewegen sich im Bereich unter einem Mikrogramm.‹ Trotz dieser geringen Erfolgsaussichten verwandelt sich mancher Bach im Sommer in den Klondike. Wer fündig wird, darf seinen Schatz mitnehmen: Gold ist ein ›bergfreier‹ Bodenschatz, der dem Finder und nicht dem Grundeigentümer gehört.

Unterwegs mit der Kräuterfrau

Während man das Edelmetall dem Boden erst entreißen muss, springt ein anderer Reichtum jedem Spaziergänger förmlich entgegen. Im Gebiet zwischen Rennsteig und Schwarzatal gedeihen besonders viele Heilpflanzen und Wildkräuter. Anfang des 17. Jahrhunderts verlegten sich hier die Ersten auf die Herstellung von Naturheilmitteln, von Olitäten – abgeleitet vom lateinischen Begriff ›Oleum‹ für Öl. Aus Kräutern, Früchten, Wurzeln und Rinden stellten sie Schnäpse und Arzneien mit wohlklingenden Namen wie Lebensöl oder Engelsbalsam her. Reisende Olitätenhändler, auch Buckelapotheker genannt, trugen die Pillen und Essenzen in hölzernen Rückengestellen bis in ferne Länder. Ein

▲ *Natürlich mit Schiefer verkleidet: Die Stadtkirche von Neuhaus gilt als größte Holzkirche Thüringens* ▼ *Wanderpause am Leipziger Turm*

▼ Lehestens Schiefergrube … ▼ … ist mit Wasser gefüllt ▲ Schmiedefelds Leipziger Turm

lukrativer, aber gefährlicher Beruf – so mancher Händler blieb verschollen. ›Das muss trotzdem eine faszinierende Zeit gewesen sein‹, schwärmt Kräuterfrau Elsbeth Worm aus Oberweißbach, die rund 100 Heilpflanzen katalogisiert hat – von Augentrost über Ehrenpreis und Frauenmantel bis zum Hirtentäschel. Entlang dem 180 Kilometer langen Olitätenwanderweg findet man Kräutergärten und Lehrpfade, Museen und Hersteller von Naturprodukten. In zahlreichen Orten werden Kräuterseminare, Kochkurse und naturkundliche Wanderungen angeboten. Worm klärt dabei gerne über Pflanzen auf, an denen man eher achtlos vorübergeht, die Brennnessel zum Beispiel: ›Sie ist eine der größten Heil- und Nutzpflanzen‹, sagt die Kräuterfrau, und ihr fallen auf Anhieb ein Dutzend Anwendungsmöglichkeiten ein – von Salat über Tee bis zum Inhaltsstoff von Shampoos.

SPECIAL

Historische Bergbahn

Bis nach dem Ersten Weltkrieg lagen die Dörfer Oberweißbach, Cursdorf, Deesbach und Lichtenhain am Ende der Welt. Die Einwohner mussten sich mit Hilfe von Ochsen- und Pferdefuhrwerken versorgen, da eine Eisenbahn durch das gebirgige Gelände oberhalb des Schwarzatales zu kostspielig war. In manchen Wintermonaten war sogar der Fuhrverkehr für Wochen unterbrochen, und die Bergbewohner sahen sich gezwungen, ihre Fracht im Tal zu versteigern. Doch dann wurde 1922 die Oberweißbacher Bergbahn eröffnet: eine Standseilbahn nach Schweizer Vorbild, die ganze Eisenbahnwaggons huckepack nach oben schleppen kann. Die Dörfer sind inzwischen natürlich auch mit dem Auto erreichbar, doch die Bergbahn ist populärer denn je. 18 Minuten dauert eine Fahrt mit dem technischen Denkmal. Auf dem Plateau angekommen, wartet ein historischer Triebwagen nach dem Vorbild der Berliner S-Bahn für die Weiterfahrt über die Ebene mit ihren Wäldern und Weiden.

Die Gruben der Schieferarbeiter

Besondere Pflanzenarten haben sich auch in den Kratern und auf den Abraumhalden des verlassenen Schiefertagebaus angesiedelt. Ab dem 13. Jahrhundert lebten

▲ Gesichert zur Mutprobe: … ▶ … im Hochseilgarten von Steinach

▲ Höhenflüge mit Netz: Skispringen in Steinach ▼ Kutschfahrt in Meura ▲ Am Schieferlehrpfad bei Lehesten ▼ In Schmiedefelds Bergwerk ›Morrassina‹

Menschen vom Abbau des Jahrmillionen alten Gesteins. Lehesten ist bekannt für Dach- und Wandschiefer bester Qualität – zu teuer für den normalen Häuslebauer, aber begehrt bei der Restaurierung von Kirchen und Schlössern. Ein ehemaliger Schieferarbeiter demonstriert im Schieferpark stolz, wie in dem 1999 eingestellten Tagebau gearbeitet wurde: Mit klammen Fingern – Heizen war verboten, da Schiefer ›bergfrisch‹ am besten zu bearbeiten ist – spalteten die Männer die Steine mit Hammer und Meißel in teils millimeterdünne Platten. Zuschneider und Zureißer brachten sie danach in die richtige Größe und Form.

SPECIAL

GutsMuths-Rennsteiglauf

Einmal im Jahr wird der Rennsteig seinem Namen voll und ganz gerecht: Tausende von Läufern treffen sich Mitte Mai beim GutsMuths-Rennsteiglauf. Der Name geht auf den Pädagogen Johann Christoph Friedrich GutsMuths (1759 bis 1839) zurück, der als Mitgründer der Turnbewegung gilt. Erstmals fand der Lauf 1973 statt – mit nur vier Teilnehmern. Die Männer überwanden in knapp zehn Stunden eine Strecke von fast 100 Kilometern. Zwei Jahre später versammelten sich schon mehrere Hundert Teilnehmer. In der Folgezeit entwickelte sich der Rennsteiglauf zur größten Breitensportveranstaltung der DDR – kein Wunder, dass die Tradition über die Wende gerettet wurde. Halbmarathon, Marathon und Supermarathon zählen heute zu den Disziplinen dieses größten Landschaftslaufs Mitteleuropas. Daneben gibt es spezielle Wettbewerbe für Wanderer, Nordic Walker, Behinderte, Kinder und Jugendliche. Der Tag vor dem Lauf wird traditionell mit einer Kloßparty in Schmiedefeld gefeiert.

Doch das ›blaue Gold‹ fand auch anderweitig Verwendung: für Schultafeln, als Split oder Schreibgriffel. Das kleine Steinach deckte die Welt einst mit geschätzten 30 Milliarden Griffeln ein. Ganze Familien, von den Kleinen bis zu den Alten, schabten pro Woche über 10 000 der kleinen Stäbchen, um zu überleben – problematische soziale Verhältnisse, die überall an der Thüringisch-Fränkischen Schieferstraße dokumentiert werden.

▼ *Farbglashütte Lauscha: Kunstwerke in ›Lampentechnik‹*

▲ *Die ›Thüringer Kirmes‹ ist eines der Prunkstücke in Sonnebergs Spielzeugmuseum*

▲ *Eigeninitiative und ...* ▼ *... Puppenteile im Spielzeugmuseum*

▲ Sonneberger Bären warten bei Martin

▼ Lauscha erzeugt rund ums Jahr Weihnachtsstimmung

Kinderglück aus Sonneberg

Wer nicht im Schiefergewerbe tätig war, produzierte Kinderträume: Ein Heer von Heimarbeitern stellte Spielwaren her. Die ersten Schnitzer und Drechsler begannen um 1640 mit Holzspielzeug. Es entstanden rund 70 Berufe vom Augeneinsetzer über den Gelenkmacher bis zum Puppenzuschneider. Im 19. Jahrhundert etablierte sich Sonneberg mit über 300 Herstellern als Spielzeug-Hauptstadt der Welt. Doch die Unternehmer ernteten nicht nur leuchtende, sondern auch müde Kinderaugen – Kinderarbeit war an der Tagesordnung.

Heute knüpft eine Handvoll Firmen aus Ost und West an die alten Zeiten an. Spielzeugdesigner versuchen sich an neuen Ideen für therapeutisches Spielzeug. Ein wichtiger Trend, wie der Leiter des Deutschen Spielzeugmuseums bestätigt: ›Wir haben viel von unserer Spielkultur verloren‹, sagt Dr. Ernst Hofmann. Und blickt auch auf Eltern und Großeltern mit strahlendem Gesicht – vor Metallbaukästen, Puppenhäusern, Plüschtieren und Eisenbahnen. Wen es dabei packt, den erwarten in der Innenstadt zahlreiche Spielwarenläden.

Künstler an der ›Pfeife‹

Mit kunstvollem Handwerk machten sich auch die Glasbläser von Lauscha einen Namen. Schon im 12. Jahrhundert entstanden die ersten Waldglashütten, die aus den reichen Ressourcen an Feuerholz und Quarzsanden schöpften. Am Anfang produzierten sie rohe Gläser und Kelche. Im 18. Jahrhundert stellte der Glasmacher Johann Georg Greiner erste Glasröhren her und versetzte dem Handwerk damit einen neuen Schub – die Einwohner produzierten Glasperlen, Puppenaugen und Figuren. Danach jagte eine Innovation die andere: Um 1835 entwickelte ein Lauschaer die bis heute gültigen Standards für gläserne Augenprothesen, gefolgt vom ersten Christbaumschmuck aus Glas, der schnell seinen Siegeszug um die Welt antrat. Noch heute dominieren Glasbläserstuben und Glasgeschäfte das Ortsbild von Lauscha, wo Handwerker mit der ›Lampentechnik‹ an einem Gasbrenner arbeiten oder gewaltige Glaskugeln auf der anderthalb Meter langen Glasbläserpfeife im Ofen zum Erglühen bringen.

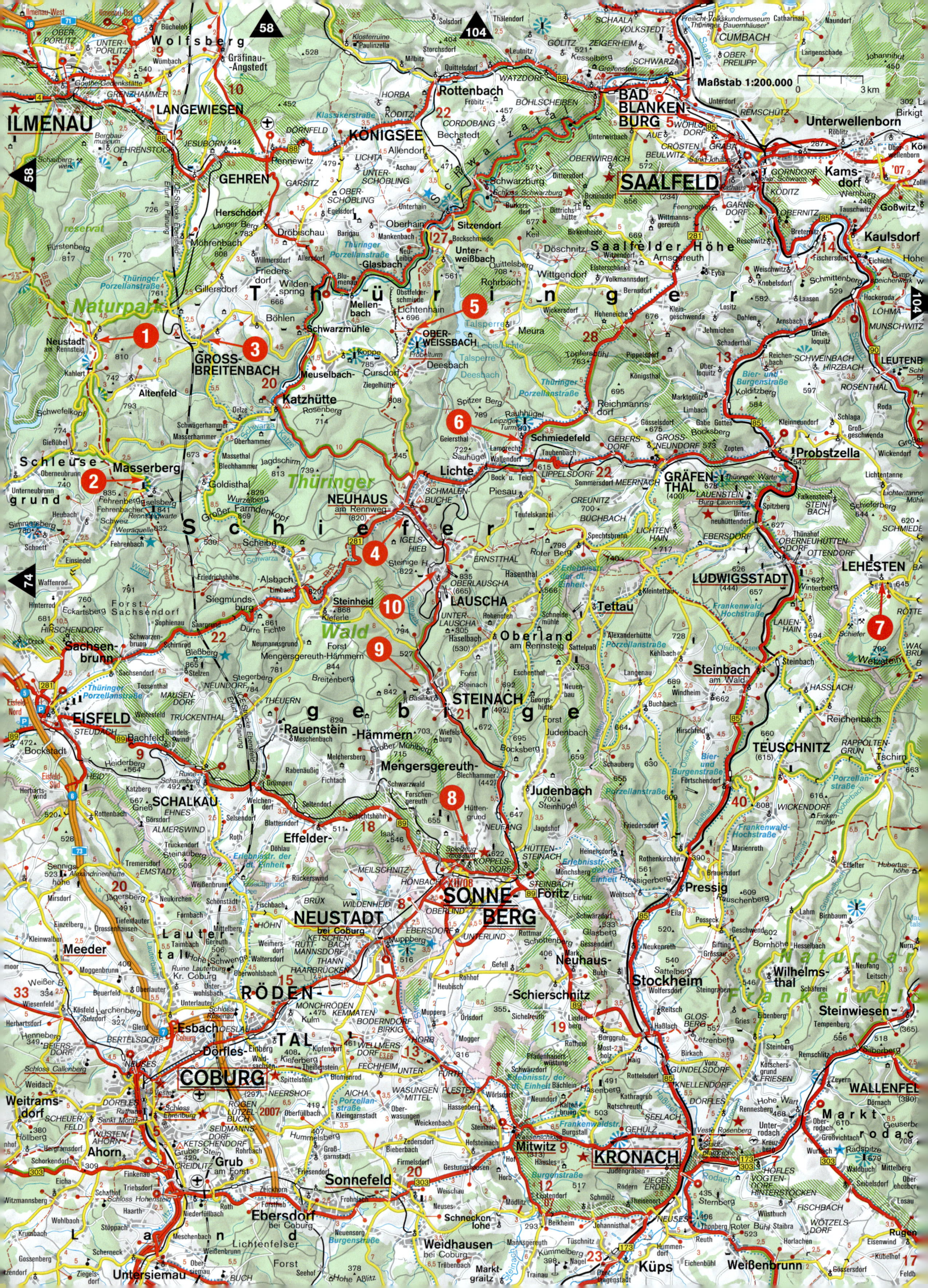

Maßstab 1:200.000
3 km
ILMENAU
LANGEWIESEN
Wolfsberg
Gräfinau-Angstedt
GEHREN
KÖNIGSEE
Rottenbach
BAD BLANKENBURG
SAALFELD
Unterwellenborn
Kamsdorf
Goßwitz
Kaulsdorf
Saalfelder Höhe
Thüringer
Naturpark
Neustadt am Rennsteig
GROSS-BREITENBACH
Katzhütte
OBER-WEISSBACH
Lichtenhain
Meura
Schmiedefeld
Lichte
NEUHAUS am Rennweg
GRÄFENTHAL
Probstzella
Masserberg
Schleusegrund
Schiefer
Steinheid
Wald
LAUSCHA
Oberland am Rennsteig
Tettau
LUDWIGSSTADT
LEHESTEN
Sachsenbrunn
EISFELD
STEINACH
Steinbach am Wald
Rauenstein
Hämmern
Mengersgereuth-Hämmern
Judenbach
TEUSCHNITZ
gebirge
SCHALKAU
Effelder
SONNEBERG
NEUSTADT bei Coburg
Pressig
Stockheim
Wilhelmsthal
Steinwiesen
Meeder
Rödental
Neuhaus-Schierschnitz
Frankenwald
WALLENFELS
COBURG
Esbach
Dörfles-Esbach
Marktrodach
Weitramsdorf
Ahorn
Grub am Forst
Sonnefeld
Mitwitz
KRONACH
Ebersdorf bei Coburg
Weidhausen bei Coburg
Untersiemau
Küps
Weißenbrunn
Lichtenfels
58
104
74
1
2
3
4
5
6
7
8
9
10

Infos

Hecheln zum Ziel: Neustadt am Rennsteig

Neustadt am Rennsteig ①

Im über 500-jährigen Neustadt (1150 Einw.) bildete der Rennsteig bis ins 20. Jh. die Grenze zwischen zwei Fürstentümern.

Sehenswert: Die **Michaeliskirche** in der Kirchgasse wurde 1858 geweiht und in der Folgezeit häufig verändert. Außerhalb des Ortes wurde eine historische **Köhlerstätte** eingerichtet.

Museum: Knapp 40 000 Seiten umfasst der Fundus alter Rennsteigliteratur im **Rennsteigmuseum.** Wandersprüche und Gedichte vom Rennsteig vervollständigen die Ausstellung (Rennsteigstraße 38, Tel. 036781/29521, www.rennsteigmuseum.de; n. Vereinb.).

Veranstaltungen: Im Winter nimmt Neustadt am Rennsteig am **Hundeschlittenrennen** Trans-Thüringia teil. Weiteres Ereignis ist das **Köhler- und Schwämmklopferfest** im Juli.

ⓘ Rennsteig Information, Rennsteigstraße 52, 98701 Neustadt am Rennsteig, Tel. 036781/23778, Fax 036781/23770, www.neustadtamrennsteig.de

Masserberg ②

Masserberg (2900 Einw.) hat eine lange Tradition als Kur- und Erholungsort. Im Winter machen hier viele Skilangläufer Urlaub. Traditionelle Thüringer Schieferhäuser, der moderne Kurbereich und ausgedehnte Grünflächen prägen das Ortsbild.

Aktivität: In einer **Glasbläserei** können Besucher beim Glaskugelblasen ein individuelles Souvenir herstellen (Hauptstraße 7a, www.kreativglasblaeserei-sachs.com; Mo.–Fr. 9.00–18.00, Sa. 9.00–16.00, So. 10.00–17.00 Uhr).

Umgebung: Am Zeupelsberg im OT Fehrenbach (südl.) entspringt eine von zwei **Werraquellen**; dort findet im Frühjahr das traditionelle Werraquellfest statt.

ⓘ Masserberg-Information, Hauptstraße 37, 98666 Masserberg, Tel. 036870/57015, Fax 036870/57027, www.masserberg.de

Grossbreitenbach ③

Die 600 Jahre alte Stadt (2900 Einw.) lebte im Mittelalter von Holzwirtschaft und Bergbau. Später wurde der Olitätenhandel zu einem wichtigen Wirtschaftszweig.

Sehenswert: Das weitgehend unverbaute **Altstadtensemble** zeigt viel Schiefer und Fachwerk. Der Glockenturm der 1771 eingestürzten **Johanniskirche** ist das Wahrzeichen der Stadt. Die 1690 geweihte **Trinitatiskirche** gilt mit 900 Sitzplätzen als größte Fachwerkkirche Thüringens.

Museum: Das **Thüringer Wald-Kreativ-Museum** zeigt in sieben Ausstellungsbereichen Regionales – darunter das einzige deutsche Kloßpressenmuseum. Im Hof des Museums wurde ein Kräutergarten angelegt (Myliusstraße 6; Di.–Fr. 10.00–17.00, Sa. und So. 13.00–17.00 Uhr).

Veranstaltung: Im Aug. findet die **Großbreitenbacher Kräuter- und Wanderwoche** statt, bei der Kräuter bestimmt und probiert werden.

ⓘ Touristinformation, Myliusstraße 6, 98701 Großbreitenbach, Tel. 036781/41750, Fax 036781/24669, www.stadt-grossbreitenbach.de

Neuhaus am Rennweg ④

Der Ferienort (5900 Einw.), aus einer im 16. Jh. errichteten Glashütte entstanden, ist die größte Stadt am Rennsteig.

Sehenswert: Interessant ist die 1892 eingeweihte, schieferverkleidete **Stadtkirche**, die größte Holzkirche Thüringens; sie entstand im Stil der Gotik, mit gemalten und geschnitzten Weinblattmotiven im Inneren.

Museum: Zur Geschichte des Ortes gibt das **Heimatmuseum ›Geißlerhaus‹** Auskunft, benannt nach dem hier geborenen Dr. Heinrich Geißler (1814–1879), Erfinder medizinisch-technischer Glasgeräte (Sonneberger Straße 106; Di.–Fr. 14.00–16.00 Uhr).

Aktivitäten: Im **Nordic-Vitalpark Thüringer Wald** zwischen Steinach, Lauscha, Neuhaus am Rennweg und Masserberg finden Nordic Walker, Mountainbiker und Wanderer ein weites Netz von zertifizierten und für einen digitalen Wanderführer elektronisch erfassten

TIPP

Wandern mit Herman

Herman hat auf alles eine Antwort. ›Hier nach links abbiegen, dann geradeaus‹, weist er im Wald den Weg. Hat man sich verirrt, verrät der GPS-gestützte digitale Wanderführer sogar den eigenen Standort. Er kennt die Fauna und Flora am Wegesrand, macht aufmerksam auf landschaftliche Höhepunkte, listet Nahverkehrsverbindungen und Raststätten auf. Wird er morgens aktualisiert, erfährt man auch tagesaktuelle Events oder das Mittagsmenü der nächsten Ausflugskneipe. Wanderer, Radfahrer und Skiläufer erhalten den Herman inklusive Gebrauchsanweisung und Umhängetasche in der Touristinformation und im ›Hotel Schieferhof‹ in Neuhaus am Rennweg. Und wer der Technik misstraut, findet in seiner Tasche auch eine Wanderkarte – falls Herman einmal nicht weiterweiß (www.vitalpark-thueringen.de).

Oberweißbachs Bergbahn ist eine Fahrt wert

TIPP

Blondschopf zum Anfassen

Unsicher stakst das Fohlen übers Stroh und versteckt sich hinter seiner Mutter. Fünf streichelwütige Menschen sind ein bisschen viel für den ersten Lebenstag. In der Mutter-Kind-Scheune des Haflinger-Gestüts in Meura (östl. Oberweißbach) darf man im Frühjahr und Sommer die jungen Tiere besuchen. ›Mit Glück können Sie sogar Zeuge einer Geburt werden‹, sagt der Tierpfleger. Nach der Wende privatisiert, entwickelte sich das ehemalige Staatsgut der DDR nach der Wende zur größten Haflinger-Zuchtstation Europas mit rund 350 Pferden. Geboten werden Besichtigungstouren, Reitstunden und Kinderreiten sowie Kosmetikprodukte und Likör aus Stutenmilch (Führungen tgl. 11.00, 12.00, 14.00, 15.00 und 16.00 Uhr, Ortsstraße 116, Meura, Tel. 036701/31151, www.haflinger-in-meura.de).

Strecken. Das Angebot wird ergänzt durch Freizeit- und Wellnessprogramme (www.vitalpark-thueringer-wald.de).

Veranstaltungen: Den Abschluss der Sommersaison bilden die **Neuhäuser Kirchweihe** am letzten Aug.-Wochenende sowie das **Marktschreierfest** im Sept. Im Jan. und Febr. werden **Schlittenhunderennen** veranstaltet.

ⓘ Tourist-Information, Marktstraße 3, 98724 Neuhaus am Rennweg, Tel. 03679/19433, Fax 03679/700228, www.neuhaus-am-rennweg.de

OBERWEISSBACH ⑤

Der Erholungsort mit 1700 Einw., erstmals 1370 erwähnt, erlangte im 17. Jh. wirtschaftliche Bedeutung durch den Handel mit Heilkräutern.

Sehenswert: Die mit 2000 Sitzplätzen größte Dorfkirche Thüringens (1779) bezeichnet der Volksmund auch als **›Südthüringer Dom‹**; der Turm der Vorgängerkirche ist noch zu sehen. Wahrzeichen der Stadt ist der **Fröbelturm** (1890) auf dem Kirchberg.

Museum: Im Geburtshaus **Friedrich Fröbels** (1782–1852) erinnert ein **Museum** an den Gründer der Kindergärten; in dem 400 Jahre alten Fachwerkhaus werden Erinnerungen an Fröbels Leben und von ihm entwickeltes Spielzeug gezeigt. Außerdem ist eine Ausstellung über den **Olitätenhandel** zu sehen (Markt 10; Mai–Okt. Mo.–Fr. 10.00–17.00, Sa. und So. 13.00–17.00, sonst Mo.–Fr. 10.00–12.00 und 13.00–17.00, So. 13.00–16.00 Uhr).

Aktivitäten: Im Rahmen von **Kräuterseminaren** lernt man, Heilpflanzen zu erkennen, zu sammeln und anzuwenden (Salben, Tinkturen und Tees). Außerdem gibt es **Kräuterwanderungen** und **Kräutererlebnistage**. Ein **Kräuterlehrpfad** führt vom Museum zum Fröbelturm.

Als Nutzer des Verkehrsnetzes aus öffentlichen Bussen, Schwarzatalbahn und **Oberweißbacher Bergbahn** (s. auch S. 83) können sich Wanderer und Radfahrer bequem zurück zu ihrem Ausgangspunkt oder Ziel in der Region befördern lassen (Bergbahn tgl. 6.00 bis 20.00 Uhr im Halbstunden-Rhythmus; www.oberweissbacher-bergbahn.com).

ⓘ Fröbelstadt Marketing, Markt 10, 98744 Oberweißbach, Tel. 036705/62123, Fax 036705/62249, www.oberweissbach.de

SCHMIEDEFELD ⑥

Der Bergort (1200 Einw.) bildet das Zentrum der Ferienregion Lichtetal. Vom 12. bis 20. Jh. wurde hier Bergbau betrieben – von Eisenerz über Schiefer bis Gold. Dazu kamen die Glas- und Porzellanherstellung.

Sehenswert: Im **Schaubergwerk ›Morassina‹** wurde 1683–1860 Alaunschiefer abgebaut; Besucher finden eine Kombination aus Naturschönheit und technischem Denkmal. Im Heilstollen ›Sankt Barbara‹ finden Menschen mit Atembeschwerden Linderung in nahezu keim- und staubfreier Luft (Schwefelloch 1, www.morassinagrotten.de; April–Okt. tgl. 10.00–16.00, sonst tgl. 11.00–15.00 Uhr).

Museum: Im **Kräuter- und Olitätenmuseum ›Beim Giftmischer‹** können Gerätschaften, Essenzen und Mixturen des letzten Olitätenhändlers der Region besichtigt werden (Saalfelder Straße 75, www.beim-giftmischer.de; Mi.–So. 13.00–17.00 Uhr).

Veranstaltungen: Jedes Frühjahr findet in Lichte (westl.) ein **Walpurgisfeuer** statt, im Juni in Schmiedefeld eine **Sonnwendfeier**. Am letzten Juli-Wochenende veranstaltet Lichte einen **Porzellanmarkt**. Im Herbst folgen die **Goldwaschmeisterschaften** in Reichmannsdorf (nördl.).

Umgebung: Vom **Leipziger Turm** (17,5 m) reicht der Blick bei guter Sicht über 100 km weit (Auf dem Rauhhügel; tgl. 10.00 bis 19.00 Uhr). Das Porzellanmuseum in **Reichmannsdorf** dokumentiert die Geschichte dieses Handwerks in der Region (Saalfelder Straße 2; Mo.–Fr. 9.00–17.00, Sa. und So. 10.00–17.00 Uhr).

ⓘ Tourismusbüro Lichtetal am Rennsteig, Saalfelder Straße 35, 98739 Schmiedefeld, Tel. 036701/20690, Fax 036701/20691, www.lichtetal.de

LEHESTEN ⑦

Ab dem 13. Jh. wurde in Lehesten (2100 Einw.) im größten Schiefertagebau Europas das ›blaue Gold‹ gewonnen. Im OT Schmiedebach bauten Kriegsgefangene während des Zweiten Weltkriegs V2-Raketentriebwerke.

Sehenswert: Schiefer bestimmt das Erscheinungsbild im Kernbereich der Stadt. Im **Schieferpark Lehesten** kann man sich über die Förderung und Verarbeitung im Schiefertagebau informieren; eine Ausstellung ist der Tier- und Pflanzenwelt gewidmet. Mit der einst von Pferden angetriebenen Göpelschachtanlage wurde das Gestein aus der Tiefe geholt (Staatsbruch 1, www.erholungspark-thueringen.de; März–Okt. Di.–Fr. 8.00 bis 16.00, Sa. und So. 9.30–16.00 Uhr).

Umgebung: Auf dem 792 m hohen **Wetzstein** (südl.) steht der Altvater-Aussichtsturm (www. altvaterturm.de). Ein **Schieferlehrpfad** führt von Probstzella über Lehesten bis Ludwigsstadt durch die typische Landschaft aus alten Schieferbrüchen, moosbewachsenen Halden und Restlöchern, die sich in Seen verwandelt haben.

Von Sonneberg zu Modellbahnfreunden: Märklin

ⓘ Stadtinformation, Obere Marktstraße 1, 07349 Lehesten, Tel. 036653/2600, Fax 036653/22022, www.lehesten.de

SONNEBERG ⑧

Der Name Sonneberg tauchte erstmals Anfang des 13. Jh. mit den Erbauern einer Burg auf dem Schlossberg auf. Der Holzreichtum der Region förderte auch die Entstehung der Spielzeugindustrie im 16. Jh. – unverändert prägend für die Gemeinde mit 24 000 Einw. Zu DDR-Zeiten gehörte Sonneberg zum grenznahen Sperrgebiet.

Sehenswert: An Stelle der einstigen **Burg** befindet sich ein Ausflugslokal mit einem beliebten Aussichtspunkt. Unterhalb liegt der

Infos

Markt mit dem neugotischen Alten Rathaus (1846). Die neugotische Stadtkirche **St. Peter** entstand 1843–1845. Ältestes Zeugnis des Christentums in der Region ist die **Cella antiqua**; diese Mönchszelle entstand im 9. Jh. in einer Sandsteinhöhle (Gerichtssteig 1; Besichtigung n. Vereinb. mit der Touristinformation). Das mittelalterliche **Lutherhaus** trägt seinen Namen zu Unrecht; Luther hat es nie betreten – im Gegensatz zur Wehrkirche **St. Aegidien** (12. und 15. Jh.) im OT Oberlind – hier soll er 1530 gepredigt haben. Das monumentale **Neue Rathaus** am Bahnhof stammt von 1928.

Einige Spielzeughersteller erlauben einen Blick in ihre Räume: Im **Märklin Center** kann man bei der Montage von Modelleisenbahnen zusehen (Neuhäuser Straße 14; Mo. bis Fr. 9.00–17.00, Sa. 10.00–14.00 Uhr). Die **Simba Dickie Group** (u. a. Schuco) besitzt eine eigene Rennstrecke für Modellautos (Mittlere Motschstraße 9). Bei **Bären-Martin** kann man unter Hunderten von Teddys wählen (Bahnhofstraße 29, www.martinbaeren.de).

Museen: Tausende Spielzeuge aus aller Welt sind im **Deutschen Spielzeugmuseum** zu sehen (Beethovenstraße 10, www.spielzeugmuseum-sonneberg.de; Di.–So. 9.00 bis 17.00 Uhr). Im **Schauaquarium Nautiland** sind rund 350 Tierarten und Korallen zu erleben (Marktplatz 2, ab Mitte 2007 in der Fußgängerzone, www.schauaquarium-nautiland.de; Di.–So. 11.00–17.00 Uhr).

Veranstaltungen: Die Saison beginnt mit dem **Faschingsumzug**. Im Mai begeht die Stadt gemeinsam mit dem bayerischen Neustadt das **Puppenfestival**. Anf. Juli feiert man das **Sonneberger Vogelschießen**, gefolgt von dem **Stadt- und Museumsfest** im Spätsommer. Anf. Nov. finden **Internationale Jazztage** statt.

ⓘ Touristinformation, Bahnhofsplatz 3, 96515 Sonneberg, Tel. 03675/702711, Fax 03675/742002, www.sonneberg.de

TIPP

Skispringen für jedermann

Auf dem Weg zur Schanze ist es noch ein Hochgefühl: die Skier geschultert, der Gang lässig. Doch beim Erklimmen der Stufen des ›Skiflyers‹ bekommen die meisten wacklige Knie – so eine Skisprung-Premiere kostet eben Überwindung. In Steinach darf jeder einmal abheben wie Jens Weißpflog oder Sven Hannawald – ohne Vorkenntnisse, dafür jedoch gesichert durch eine Bergsteigerausrüstung und ein Stahlseil. Nicht einmal Schnee wird benötigt – die Schanzenabfahrt erfolgt schlicht auf Rollen (Rennsteig-Outdoor-Center, Am Stadion, Tel. 0700/77007711, www.roc-team.de).

Schiefer prägt die Fassaden auch in Lauscha

Steinach 9

Der Erholungsort (4650 Einw.) im Schnittpunkt von Thüringisch-Fränkischer Schieferstraße und Deutscher Spielzeugstraße machte sich einst weltweit als Griffelproduzent einen Namen. Bedeutend war auch die örtliche Spielzeugproduktion.

Sehenswert: Steinach schmückt sich mit dem größten **Marktplatz** Thüringens. 1899 wurde in der Ortsmitte die **St.-Peter-Pauls-Basilika** erbaut. Über den Ort verteilt findet man elf Brunnen.

Museen: Im **Deutschen Schiefermuseum** wird die mehr als 400-jährige Geschichte der Griffelproduktion dokumentiert. Die **Steinacher Spielzeugschachtel** im selben Haus zeigt historisches Spielzeug aus heimischer Produktion (Dr.-Max-Volk-Straße 21; Di.–Sa. 13.00–17.00, So. 14.00–17.00 Uhr).

Aktivitäten: Mit der **Skiarena Silbersattel** befindet sich hier das größte alpine Skigebiet Thüringens. Im **Hochseilgarten** des Rennsteig Outdoor Centers kann man Mut und Schwindelfreiheit testen (Am Stadion, Tel. 0700/77007711, www.roc-team.de).

Veranstaltungen: Am 3. Aug.-Wochenende findet auf dem Marktplatz die **Kirchweih** statt, eines der größten Volksfeste Südthüringens. Am 4. Advents-Wochenende bietet der **Weihnachtsmarkt** Produkte aus Schiefer.

Umgebung: In **Theuern** dokumentiert das Goldmuseum die Geschichte der Goldförderung in Thüringen; im Sommer finden regelmäßig Goldwaschkurse statt (Im Grund 4, www.goldmuseum.de; außer Nov. tgl. 9.00 bis 17.00 Uhr).

ⓘ Touristinformation, Dr.-Max-Volk-Straße 21, 96523 Steinach, Tel. 036762/34813, Fax 036762/34814, www.steinach-thueringen.de

Lauscha 10

Lauscha (4000 Einw.) hat seinen Ursprung in einer 1597 gegründeten Glashüttensiedlung. Der Ort entwickelte sich zum beliebten Ferienplatz und zu einer der bedeutendsten Glasbläserstädte Deutschlands. Die modernsten Entwicklungen der Branche entziehen sich jedoch den Blicken interessierter Besucher: In verschiedenen Glashütten entstehen innovative Produkte wie Spezialglas zur Isolierung oder für die pharmazeutische Industrie.

Sehenswert: Viele Häuser sind mit Schieferplatten verkleidet. Beim Rundgang durch die **Farbglashütte Lauscha** erfährt man viel über die traditionsreiche Handwerkskunst (Straße des Friedens 46, www.farbglashuette.de; Mo. bis Fr. 10.00–18.00, Sa., So. und Fei. 10.00 bis 17.00 Uhr). Ebenfalls lohnt ein Besuch im **Glaszentrum Lauscha** mit der Studioglashütte (Straße des Friedens 22, www.glaszentrum-lauscha.com; Mo.–Fr. 10.00–18.00, Sa. und Fei. 10.00–17.00, So. 11.00–17.00 Uhr). Weihnachtlich wirkt es bei **Krebs-Glas** (Am Park 1, OT Ernstthal am Rennsteig, www.krebslauscha.de) und auch im **Weihnachtsland Lauscha** (Straße des Friedens 39).

Museum: Im **Museum für Glaskunst** wird die Glasherstellung in Thüringen vom späten Mittelalter bis in die Gegenwart dokumentiert (Oberlandstraße 10, www.glasmuseum.lauscha.de; Di.–So. 10.00–17.00 Uhr).

Veranstaltung: Am 1. und 2. Advents-Wochenende zeigen Glasbläser ihre zarte Kunst auf dem **Lauschaer Kugelmarkt**.

ⓘ Tourist-Information, Hüttenplatz 6, 98724 Lauscha, Tel. 036702/22944, Fax 036702/22942, www.lauscha.de

Fragiles im Museum für Glaskunst in Lauscha

Zwischen Wald und Wasser

Wasser über Wasser – das nasse Element prägt den Nordosten des Thüringer Waldes: Tümpel und Fischteiche rund um die Dörfer, der Flusslauf der Saale und nicht zuletzt die Seenlandschaft der Bleiloch- und Hohewartetalsperre. Rudolstadt feiert hier ein Musikfestival mit Künstlern aus aller Welt. Saalfeld entführt seine Gäste in den bunt schillernden Untergrund. Dem Schwarzatal entstammen die Schwarzburger Fürsten. Und hier hat auch die Porzellanherstellung lange Tradition.

Rokokopracht prägt die Festsäle des Rudolstädter Schlosses Heidecksburg.

▼ In den Saalfelds Feengrotten ▲ Mit der ›Drachenschwanz‹ auf dem Hohenwartestausee ▼ Aus Wasserkraft wird Strom: Museum in Ziegenrück

▲ Stilles Anglervergnügen an der Saale ▼ Im Generatorenhaus des Museums von Ziegenrück

Kilometerlang schlängeln sich der Hohenwarte- und der Bleiloch-Stausee durch die engen Täler, ein Anblick, der an norwegische Fjorde erinnert. Die Einheimischen sind stolz auf ihr ›Thüringer Meer‹, an das sie im Sommer in Scharen pilgern, um zu surfen und zu segeln, zu baden und zu paddeln. Wer nicht selbst rudern möchte, genießt den Blick von Bord eines der Fahrgastschiffe. Rundwanderwege und Fahrradstrecken erlauben herrliche Aussichten auf das größte zusammenhängende Stauseegebiet Deutschlands.

SPECIAL

Land der tausend Teiche

Ein Fischadler zieht seine Kreise. Reiher staksen durchs flache Wasser. Aus dem Schilf schallt ein Froschkonzert. Viele geschützte Tiere fühlen sich pudelwohl an den Plothener Teichen. Nicht nur wegen des Vogelschutzgebietes, sondern auch wegen der fetten Beute, die sie hier finden: Die Gewässer dienen seit dem Mittelalter zur Fischzucht. Von einst bis zu 2000 Teichen existieren noch rund 500. Alle drei bis vier Jahre drehen die Besitzer die Schleusen auf. Nach drei bis vier Wochen ist der Teich leer, und die dicken Karpfen müssen nur noch aus einer großen Pfütze gefischt werden. Hinterher jedoch sollte Petrus den Fischern gewogen sein: Es sind ›Himmelsteiche‹, die mangels fließender Gewässer nur durch Regenwasser gefüllt werden. In einem von ihnen steht ein altes Pfahlhaus aus dem 17. Jahrhundert, das vom Fürstenhaus der Reuß als Jagdhütte genutzt wurde. Bei Regen kann man hier angeln, ohne nass zu werden: Das kleine Museum hat ein Loch im Boden.

Kaum eine Landschaft hat sich im letzten Jahrhundert so stark verändert wie der Oberlauf der Saale. Zum Schutz vor Hochwassern und zur Energiegewinnung entstand bis 1945 auf einer Länge von 80 Kilometern die so genannte Saale-Kaskade aus zahlreichen Talsperren und Wasserkraftwerken. Deren Urform wurde schon im Mittelalter erfolgreich eingesetzt, als überall am Fluss Mahl-, Schneide- und Lohmühlen, Poch- und Hammerwerke erbaut wurden. Bereits um 1900 erzeugte man in

▲ Mittelalter als ›Spektakel und Kurzweyl‹

▼ Schloss Burgk: Der Rote Turm entstand 1545

▼ Frühbarocke Ausstattung der Schlosskapelle von 1625

▼ Burgk: Repräsentation war der Zweck des barocken Prunkzimmers

▲ Das mittelalterliche Treiben vor dem Amtshaus von 1526 ... ▼ ... hat heimliche Beobachter

Ziegenrück erstmals elektrischen Strom, um den Energiebedarf der Industrie zu decken. Heute kann man hier im Museum für Wasserkraftnutzung über die rasante Entwicklung staunen. Sie ging jedoch auch zu Lasten des einstigen Fischreichtums: ›Lachs aus der Saale war einmal so billig, dass die Leute ihn täglich ihren Bediensteten vorsetzten, bis diese sich über die langweiligen Mahlzeiten beschwerten‹, erklärt der Leiter des Museums. Heute ist der Edelfisch im Fluss ausgestorben.

SPECIAL

Thüringische Provence

Am Fuß der Denkmäler schimmert es in Blau. In den Parks wogen duftende Kräuter. Ein Band in Lila säumt den Weg zur Burg. Die Stadt Bad Blankenburg hat sich ganz dem Lavendel verschrieben. ›So viel Platz wie in der Provence haben wir natürlich nicht‹, sagt ›Lavendelfrau‹ Magda Jenitschek. ›Aber dafür nutzen wir jeden freien Meter zur Aussaat.‹ Schon vor rund 200 Jahren wurde das wertvolle Heilkraut in der Region angebaut. Nach der Wende besann man sich wieder auf die Tradition. Beim Lavendelfest Ende Juli wird nach der rund zweimonatigen Blütenpracht die Ernte gefeiert und die Lavendelkönigin gewählt. Sie hat sogar einen Hofstaat: Lila gekleidete Lavendelfrauen fehlen bei kaum einer Veranstaltung. Die ehrenamtlichen Helferinnen verteilen Lavendelsäckchen und schenken Lavendeltee aus.

Heilende Höhle

Vom früher rege betriebenen Fischereigewerbe zeugt auch noch das Wappen der nahe gelegenen Stadt Saalfeld. Heute steht der Name dagegen für eine Sehenswürdigkeit, die sogar im Guinnessbuch der Rekorde vermerkt ist: Die Feengrotten zählen zu den farbenreichsten Schaugrotten der Welt. In der ›Märchenhöhle‹ des einstigen Alaunschiefer-Bergbaus fanden Experten 36 Farbnuancen von weiß über zitrusgelb und apfelgrün bis ocker und violett – ein Resultat des unterschiedlichen Gehalts an Schwermetallen. Stollenführer im Bergmannskostüm führen ihre behelmten Gäste durch die engen Gänge auch in einen Inhalationsstollen. Sauberere Luft kann man kaum finden, erklärt Franko Michel: ›Kein

▲ Rudolstadt: Hinter Kirch- und Rathausturm zeigt sich jüngere Architektur ▼ Beim ›TFF‹ wird der Markt zur Bühne: … ▲ … ›Ohrboten‹ vor dem Rathaus

▲ Zuschauer des Folkfestivals bevölkern auch die Balustraden der Heidecksburg

▲ Das Rote Eckkabinett auf der Heidecksburg

▼ Der Nachwuchs übt etwas abseits

Staub, keine Pollen, kein Ozon, keine Keime.‹ Dafür gibt es eine Nuance natürlicher Radioaktivität, die das Immunsystem stärken soll. Michel ist es gewohnt, dass seine Gäste nach diesen Erklärungen erst einmal alle tiefer atmen. ›Keuchhustenkeller‹ nannten die Einheimischen diesen Teil der Grotte früher respektlos – bis die medizinischen Erfolge sie eines Besseren belehrten.

Woodstock in Thüringen

Saalfelds Nachbar Rudolstadt verwandelt sich jeden Sommer für ein Wochenende in ein ›Mekka‹ für Musikfans, wenn mehr als 60 000 Besucher mit Rucksack, Kind und Kegel zum Tanz- und Folkfestival anreisen. Dann reiht sich Bühne an Bühne. Selbst in der historischen Stadtkirche sind nun statt Chorälen orientalische Rhythmen und französische Chansons zu hören. Mit über 1000 Musikern aus 40 Ländern hat sich das ›TFF‹ inzwischen zum größten deutschen Weltmusik-Ereignis entwickelt. Jugoslawische Hochzeitsbands treten auf und Countrymusiker aus Taiwan, finnische Saufkumpane, Dudelsackspieler aus dem Iran, Songwriter aus den USA und Straßenmusiker aus aller Welt. Schon zu DDR-Zeiten wurde in Rudolstadt unter Beteiligung von Politprominenz regelmäßig ein Volkstanzfestival veranstaltet – vor allem mit deutschen und osteuropäischen Tanzgruppen. ›Aber mitmachen konnte man damals nicht‹, erzählt ein Stammgast. Heute gibt es dagegen ein eigenes Tanzzelt, bei dem Jung und Alt sich zu Polka, Tango oder Polonaise übers Parkett bewegen. Wer in der Stadt kein Quartier findet, zeltet im Schwimmbad oder bettet sich auf das Massenlager in einer Turnhalle.

Besuch bei den Schwarzburgern

In das Großereignis wird auch die barocke Heidecksburg einbezogen, deren wuchtige Fassade das Stadtbild beherrscht. Beim Bau der Residenz derer von Schwarzburg-Rudolstadt wurden weder Kosten noch Mühen gescheut. Berühmte Architekten und Künstler gaben sich im 18. Jahrhundert die Klinke in die Hand. Immer wieder wurde der Kostenrahmen gesprengt – und die Abgaben und Steuern der Bevölkerung wurden anschließend erhöht.

▲ *Vor Saalfelds Renaissance-Rathaus plätschert ein Brunnen aus Schiefer* ▼ *Erklärung aller Arbeitsschritte ...* ▲ *... in der Sitzendorfer Porzellanmanufaktur*

▲ Schloss Schwarzburgs Kaisersaal ▼ Farbenspiel vor den Thüringer Bauernhäusern in Rudolstadt

Der bis heute erhaltene Prunk steht im Kontrast zum halb verfallenen Stammhaus der Schwarzburger im wildromantischen Schwarzatal. Hier hatte vor 1000 Jahren die Geschichte einer Familie begonnen, die große Teile Thüringens über Jahrhunderte prägte. 1940 vertrieben die Nationalsozialisten die letzte Fürstin Anna-Luise aus Schwarzburg, um das Schloss in ein ›Reichsgästehaus‹ umzubauen. Sie sprengten das Eingangstor, rissen die Stuckdecken heraus und zogen meterdicke Stahlträger durch das Hauptgebäude. Noch zu DDR-Zeiten gelang es, den Kaisersaal zu restaurieren, der als Meisterwerk barocker Baukunst gilt.

SPECIAL

Großer Menschenerzieher

Wenn Kleinkinder mit Formen wie Kugel, Würfel oder Dreieck spielen und den Kindergarten besuchen, verdanken sie dies Friedrich Wilhelm August Fröbel. Der bedeutende Pädagoge, dessen Werk weltweit hohes Ansehen genießt, wurde 1782 in Oberweißbach im Thüringer Schiefergebirge geboren. Fröbel kämpfte in den Befreiungskriegen und arbeitete als Erzieher und Hauslehrer, bevor er mit der ›Allgemeinen Deutschen Erziehungsanstalt‹ einen Vorläufer der Landerziehungsheime entwickelte. Seinem großen Ziel folgend, selbstständig denkende und handelnde Menschen zu erziehen, gründete er 1840 in Bad Blankenburg den ersten Kindergarten. Dabei entwickelte er die Kreativität und den Spieltrieb der Kinder fördernde Spielgaben. 1852 starb der Pädagoge, tief enttäuscht über ein von Preußen angeordnetes Verbot der Kindergärten, das erst acht Jahre nach seinem Tod wieder aufgehoben wurde.

Begehrtes Weißes Gold

Wer etwas auf sich hielt unter den thüringischen Fürstenhäusern, bewirtete seine Gäste nur mit edelstem Glas und Porzellan. Oder legte gleich eine ganze Sammlung an. 1763 gelang es dem Thüringer Georg Heinrich Macheleid, die Rezeptur des Porzellans zu rekonstruieren, die 1709 in Meißen entdeckt worden war. Überall in der Region schossen danach Manufakturen aus dem Boden, an deren Blüte die thüringische Porzellanstraße erinnert. Sie verläuft auch durch Sitzendorf an der Schwarza, wo man

▲ *Am Tor wirkt Greifenstein noch ziemlich wehrhaft*

▼ *Heutzutage sind Floßfahrten ein geruhsames Unternehmen*

▲ *Der Saalebogen bei Schloss Burgk*

▼ *Wer hat vor wem mehr Respekt: Auf Greifenstein ist Streicheln erlaubt*

▼ *Im Bergfried Greifensteins geht es hinauf zu einer weiten Aussicht*

▲ *Auf der Falkenburg Greifenstein* ▼ *Brauer Schmitt am Gärbottich: Singen*

bei der Herstellung zusehen kann: Junge Frauen formen hier mit geschickten Fingern Blütenblätter für Zierporzellan, schieben fertige Stücke in den Brennofen, tragen Spitzen auf und bemalen die fertigen Figürchen: ›Die Linien sind so fein, dass wir dafür Pinsel aus Marder- oder Eichhörnchenhaar benutzen‹, erklärt eine Porzellanmalerin. Die Grundmasse wird heutzutage als Granulat geliefert – welche Erleichterung im Vergleich zu den Pionierzeiten, als Porzellanmasse und Glasur in einer Mühle erzeugt und in Holzkübeln in die Manufaktur transportiert wurden. Dort waren

SPECIAL

Auf der Falkenburg

Große Augen im flauschigen Federgewand. Ängstlich faucht der junge Uhu aus seiner Kiste. ›Er muss sich noch an Menschen gewöhnen‹, sagt Bernd Hampl van der Kolk. In ein paar Monaten wird der Falkner die Eule über die Köpfe der Zuschauer fliegen lassen. Die Kulisse seiner Vorführung könnte kaum geeigneter sein: Die Burg Greifenstein thront auf einer Felsspitze über Bad Blankenburg. Falken, Bussarde, Eulen und sogar Adler zeigen hier ihre Flugkünste. ›Nicht nach einem strengen Drehbuch‹, betont der Falkner. ›Wir lassen den Tieren ihren Freiraum – und erklären dann ihre Verhaltensweisen.‹ Besonders beeindruckend ist der Rückwärtslooping eines Rotmilans bei der Jagd auf sein Futter. Hampl van der Kolk demonstriert auch das Training der Tiere mit dem ›Federspiel‹, einer Beuteattrappe aus Leder mit daran angebrachten Vogelflügeln. Er schwenkt es an einer Schnur durch die Luft und lässt den Falken einen Sturzflug darauf ausführen – zur Belohnung gibt es ein Stück Fleisch. Nach der Schau darf man die Tiere aus der Nähe betrachten. Und wer keine Berührungsängste hat, kann sogar eine Eule streicheln.

allein 30 Arbeiter für das Schlagen und Spalten des Holzes für die Brennöfen beschäftigt. Erst die spätere Verwendung von Kohle hat den Thüringer Wald vor weiterer Abholzung bewahrt.

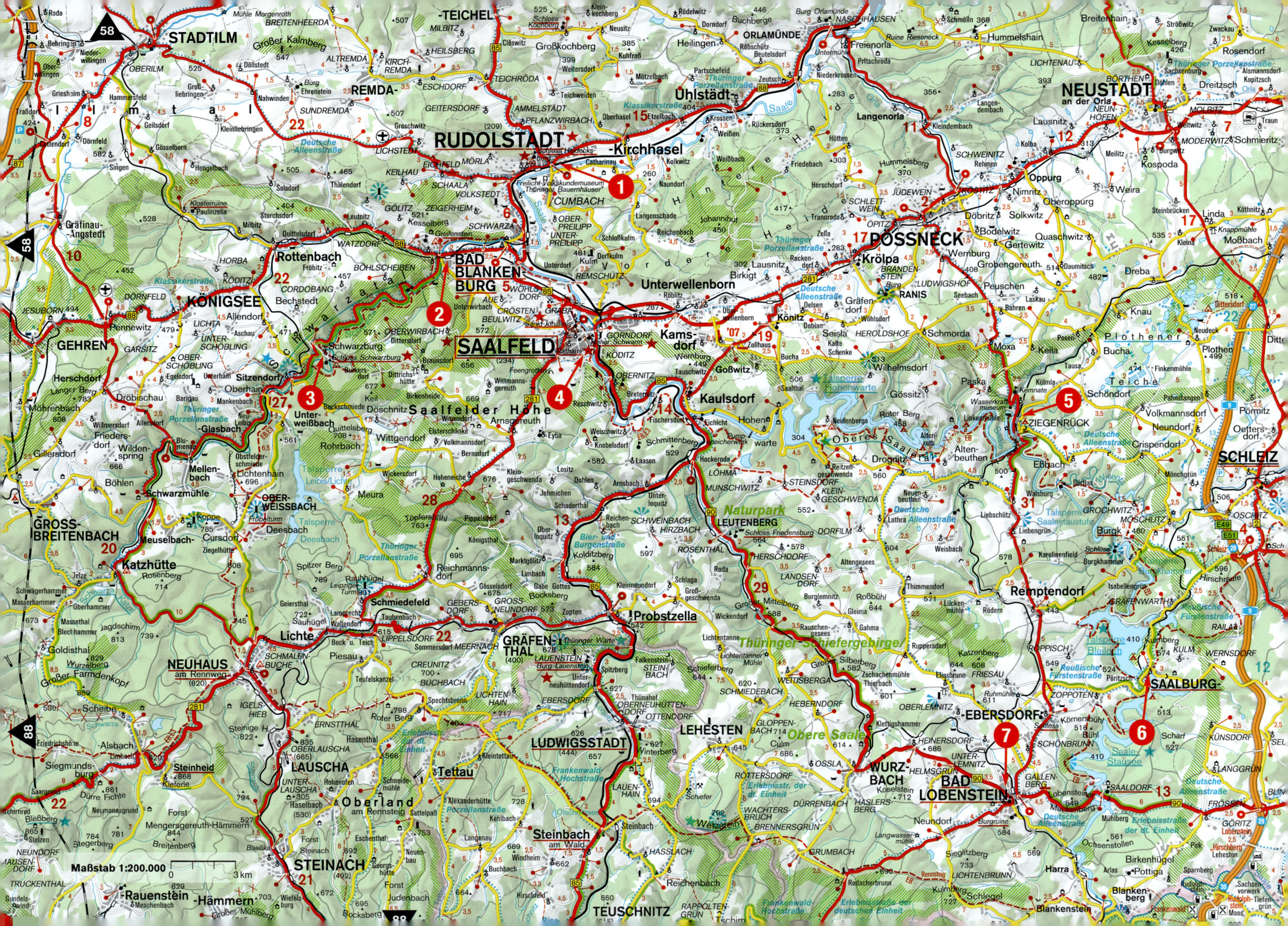

STADTILM
RUDOLSTADT
Kirchhasel
Uhlstädt
REMDA
TEICHEL
ORLAMÜNDE
NEUSTADT an der Orla
PÖSSNECK
Krölpa
Unterwellenborn
BAD BLANKENBURG
SAALFELD
Saalfelder Höhe
KÖNIGSEE
Rottenbach
GEHREN
Kamsdorf
Kaulsdorf
ZIEGENRÜCK
SCHLEIZ
Remptendorf
SAALBURG
EBERSDORF
BAD LOBENSTEIN
WURZBACH
LEHESTEN
LUDWIGSSTADT
Probstzella
LEUTENBERG
GRÄFENTHAL
Schmiedefeld
Lichte
NEUHAUS am Rennweg
GROSSBREITENBACH
Katzhütte
LAUSCHA
STEINACH
Steinheid
Tettau
Steinbach am Wald
TEUSCHNITZ
Rauenstein
Hämmern
Maßstab 1:200.000
3 km
58
88

Infos

Sängerin Lila Downs in Rudolstadts Schlosshof

Rudolstadt 1

776 erstmals erwähnt, gelangte der einst fränkisch-sorbisch-thüringische Siedlungsplatz um 1340 in den Besitz der Grafen von Schwarzburg, den sie, zu Reichsfürsten geworden, 1571 zu ihrer Residenz machten (bis 1918). Die kulturelle Blüte dieser Jahre ist verbunden mit den Namen vieler Dichter, Gelehrter und Komponisten (u. a. Goethe und Wagner); Schiller leitete mehrere Jahre das hiesige Theater. Relativ spät industrialisiert, ist Rudolstadt heute (25 600 Einw.) Standort chemischer Industrie.

Sehenswert: Die **Heidecksburg** auf dem Schlossberg ist unverändert Blickfang; das Barockschloss entstand ab 1735 auf den Resten einer Renaissance-Anlage (ab 1573). Die dreischiffige Stadtkirche **St. Andreas** (Urspr. um 1475) präsentiert sich seit 1636 in heutiger Gestalt; sie beherbergt ein Renaissance-Epitaph und einen gräflichen Stammbaum (Kirchhof 1; Sommer tgl. 14.00 bis 17.00 Uhr). Das spätgotische **Alte Rathaus** (Urspr. um 1524) wurde im 18. Jh. mehrfach verändert. Die Stadtverwaltung befindet sich im **Neuen Rathaus** am Markt (17. Jh. und 1912). Im **Schillerhaus** begegneten sich Schiller und Goethe 1788 zum ersten Mal, und hier lernte Schiller seine spätere Frau Charlotte von Lengefeld kennen. Die Räume sollen nach und nach zugänglich gemacht werden (Schillerstraße 25; Mi.–Fr. 14.00 bis 16.00 Uhr).

Museen: Das **Thüringer Landesmuseum** in der Heidecksburg zeigt neben den fürstlichen Wohn- und Festräumen eine Porzellansammlung, eine Gemäldegalerie, die Waffensammlung der Schwarzburger und ein Naturalienkabinett; Mitte 2007 soll die Dauerausstellung ›Schlösser der gepriesenen Insel‹ hinzukommen, eine detailgetreue Miniaturwelt aus Schlössern mit Tausenden von Einzelfiguren (Schlossbezirk 1, www.heidecksburg.de; Mai–Sept. Di.–So. 10.00–18.00, sonst Di.–So. 10.00–17.00 Uhr). Das (Freilicht-) **Volkskundemuseum ›Thüringer Bauernhäuser‹** im Heinrich-Heine-Park veranschaulicht das bäuerliche Leben in der Zeit des 18. und 19. Jh. (April–Okt. tgl. 11.00–18.00 Uhr). Von der **Richterschen Villa** aus, benannt nach dem Fabrikanten und damaligen Besitzer Friedrich Adolf Richter (heute Museum), traten die von den Brüdern Lilienthal entwickelten ›Anker-Steinbaukästen‹ 1882 ihren Siegeszug an (Schwarzburger Chaussee 74; Mo.–Sa. 13.00–18.00 Uhr).

Aktivitäten: Das Freizeit- und Erlebnisbad **SaaleMaxx** ist das größte in Thüringen (Hugo-Trinckler-Straße 6, www.saalemaxx.de; tgl. 10.00–22.00 Uhr).

Veranstaltungen: Im Frühjahr wird das **Altstadtfest** gefeiert. Am 1. Juli-Wochenende findet das international bekannte **Tanz- und Folkfestival** statt (www.tff-rudolstadt.de). Das **Rudolstädter Vogelschießen,** 1722 erstmals veranstaltet, entwickelte sich zum größten Volksfest Thüringens (Ende Aug.). Der **Handwerkerhof** ist regelmäßig Schauplatz von Veranstaltungen und Ausstellungen (Stiftsgasse 21; www.handwerkerhof.rudolstadt.de).

Umgebung: Auf einem Bergplateau bei Großkochberg (13 km nördl.) liegt **Schloss Kochberg** (1600) mit einer Goethe-Erinnerungsstätte (www.schloss-kochberg.de; Sommer Di.–So. 10.00–18.00, Winter Mi.–So. 10.00 bis 16.00 Uhr).

ⓘ Fremdenverkehrsamt, Marktstraße 57, 07407 Rudolstadt, Tel. 03672/414743, Fax 03672/431286, www.rudolstadt.de

Bad Blankenburg 2

Die ›Lavendelstadt‹ (7500 Einw.; Stadtrecht 1323) wurde vor allem durch ihren Ehrenbürger Friedrich Fröbel bekannt; der Pädagoge gründete in dem Kurort 1840 den ersten deutschen Kindergarten.

Sehenswert: Neben dem **Rathaus** (15. Jh.) und dem historischen **Markt** ist die **Stadtkirche** (1744) einen Besuch wert. **Burg Greifenstein** (Urspr. 12. Jh.) war einst Sitz der Schwarzburger; die Anlage wurde im 16. Jh. aufgegeben und ab 1821 instandgesetzt (Greifensteinstraße 3, www.burg-greifenstein.de; tgl. 9.00–17.00 Uhr).

Museen: Im **Rathaus** gewährt der gläserne Fußboden einen Einblick in die historische Bausubstanz (Markt 1; Mo., Di. und Fr. 10.00 bis 12.00 und 14.00–17.00, Do. 10.00–12.00 und 14.00–18.00 Uhr). Im **›Haus über dem Keller‹** befindet sich das Friedrich-Fröbel-Museum; die Ausstellung zeichnet Lebensstationen des Pädagogen nach (Johannisgasse 4; Di.–Sa. 10.00–17.00 Uhr).

Veranstaltung: Ende Juli feiert Bad Blankenburg das **Lavendelfest.**

ⓘ Tourist-Information, Bahnhofstraße 40, 07422 Bad Blankenburg, Tel. 036741/2667, Fax 036741/42442, www.bad-blankenburg.de

Schwarzburg 3

Schwarzburg (600 Einw.) wurde 1071 erstmals erwähnt. In dem Erholungsort im Schwarzatal unterzeichnete Reichspräsident Friedrich Ebert 1919 die Weimarer Verfassung. Das Schwarzatal war im 19. Jh. durch seine Romantik bekannt.

Sehenswert: Hoch über dem Tal liegt die Ruine von **Schloss Schwarzburg** (Urspr. 11. Jh.), das als Sommersitz und Jagdschloss diente; der historische Kaisersaal (1695) ist Teil eines Museums zur Geschichte der Anlage (www.schloss-schwarzburg.de; April–Okt. 10.00 bis 17.00 Uhr).

Auch im Detail aufwändig: Schloss Heidecksburg

Umgebung: Im kleinen **Sitzendorf** (südw.) arbeitete eine Zeit lang Georg Heinrich Macheleid, der das Porzellan ›nacherfand‹; in der Sitzendorfer Porzellanmanufaktur werden die Arbeitsschritte der Porzellanherstellung vorgeführt (Hauptstraße 26, www.sitzendorfporzellan.de; Mo.–Fr. 10.00–18.00, Sa. und So. 10.00–17.00 Uhr), und das Regionalmuseum zeigt die Dampfmaschine, mit der die Manufaktur einst mit Energie versorgt wurde (Mo.–Fr. 10.00–18.00, Sa. und So. 10.00–17.00 Uhr). Im Bauernmuseum sind historische Fahrzeuge, Maschinen und Traktoren zu sehen (Hauptstraße 26a; Di.–Fr. 10.00–16.00, Sa. und So. 13.00–16.00 Uhr).

Das **Kloster Paulinzella** (15 km nordw.) wurde Anf. des 12. Jh. von der sächsischen Adligen Paulina als Marienzell gegründet; erhalten blieb die Ruine der Klosterkirche als wertvolles Denkmal der romanischen Baukunst in Deutschland. Anfang des 18. Jh. entstand das Jagdschloss der Fürsten zu Schwarzburg-Rudolstadt, heute ein Museum zur Kloster-, Forst- und Jagdgeschichte (www. heidecksburg.de/paulinzella.htm; April bis Okt. Di.–So. 10.00–18.00, sonst bis 17.00 Uhr).

Im Paulinzella nordw. benachbarten **Singen** steht die kleinste Brauerei Thüringens, die als Brauereimuseum zu besichtigen ist (Brauerei Schmitt, Tel. 03629/802556; n. Vereinb.).

ⓘ Informationsstelle, Schlossstraße 5,
07427 Schwarzburg, Tel. 036730/22305,
Fax 036730/32954, www.fvv-schwarzburg.de

SAALFELD 4

Baumeister aller Epochen hinterließen ihre Spuren in Saalfeld (27 900 Einw.), auch ›Steinerne Chronik Thüringens‹ genannt. 899 erstmals erwähnt, entstand es um ein bedeutendes Benediktinerkloster und war 1680–1735 Residenz der Herzöge von Sachsen-Saalfeld.

Romanische Kostbarkeit: Kloster Paulinzella

Sehenswert: Das 1537 errichtete **Rathaus** im Renaissancestil gilt als eines der schönsten Thüringens; im Hof des Gebäudes steht die ›Hutschachtel‹, ein Gefängnis in Turmform (19. Jh.). Am **Marktplatz** befinden sich die Liden (16. Jh.), eine Häuserreihe mit Arkaden. Gegenüber steht die **Hof- oder Marktapotheke,** ein romanisches Turmhaus von 1180, 1882 nach einem Brand neu aufgebaut. Die **Alte Münze** (1602) diente zeitweise als Stadtschloss. Bemerkenswert in der dreischiffigen **Johanniskirche**, einer der größten Hallenkirchen Thüringens, ist die Deckenbemalung mit einer ›Himmelswiese‹. Über die Stadt verteilt findet man weitere prachtvolle Häuser wie die ehem. **Stadtapotheke** (1620), das **Höhnsche Haus** (1609, Darrtorstraße) oder das **Schlösschen Kitzerstein** (um 1525) am Saaleufer aus der Frührenaissance. Die **Burgruine Hoher Schwarm** (Urspr. um 1300) in Saalenähe gilt als Wahrzeichen der Stadt. Reste der mittelalterlichen **Stadtmauer** umgeben die Altstadt; erhalten blieben vier Stadttore – das **Darrtor** (14. Jh.) kann bestiegen werden. Nicht weit davon liegt das **Saalfelder Schloss** mit Barockkapelle, ab 1677 an Stelle des Benediktinerklosters errichtet.

Museen: Das ehem. Franziskanerkloster (um 1250) ist Sitz des **Stadtmuseums** mit einer kunst- und kulturgeschichtlichen Sammlung (Münzplatz 5, www.museumimkloster.de; Di.–So. 10.00–17.00 Uhr). Die **Saalfelder Feengrotten** wurden 1914 als Schaubergwerk eröffnet; in weniger als 300 Jahren schuf die Natur hier ein einzigartiges Schauspiel an Formen und Farben (Feengrottenweg 2, www. feengrotten.de; April–Okt. tgl. 9.00–17.00, Nov., Dez., Febr. und März tgl. 10.00–15.30, Jan. nur Sa. und So. 10.00–15.30 Uhr).

Veranstaltung: Im Aug. wird auf dem Marktplatz das **Detscherfest** gefeiert; Detscher sind ein Kartoffelgebäck.

Aktivität: In der Touristinformation kann man einen Audioführer für einen historischen Rundweg ausleihen.

ⓘ Saalfeld Information, Markt 6,
07318 Saalfeld, Tel. 03671/33950,
Fax 03671/522183, www.saalfeld.de

ZIEGENRÜCK 5

Die rund 1000 Jahre alte 800-Einw.-Gemeinde (Stadtrecht 1328) wurde im Lauf ihrer Geschichte mehrfach von Überschwemmungen getroffen. Ein Hüttenwerk und die Gewinnung von Wasserkraft prägten die Wirtschaft des Ortes.

Sehenswert: Die ehem. **Fernmühle** wurde 1900 zum Laufwasserwerk umgebaut. Das

Schloss Burgk, hoch über der Saale gelegen

Museum für Wasserkraftnutzung dokumentiert die Geschichte dieser Art der Energiegewinnung sowie die der Saaletalsperren (Lobensteiner Straße 6; Mai–Okt. Di.–So. 10.00–17.00, sonst Di.–Fr. 10.00–16.00, Sa. und So. 13.00–16.00 Uhr).

Aktivitäten: Rund um die Hohenwarte-Talsperre gibt es zahlreiche Möglichkeiten für **Wassersportler** und **Wasserwanderer** (www. stausee-hohenwarte.com). Der 27 km lange Stausee wurde 1936–1942 eingerichtet; die Staumauer ist 75 m hoch. **Fahrgastschiffe** verkehren von April bis Okt. (Fahrgastschifffahrt Hohenwarte, Tel. 036733/21528, www. fahrgastschifffahrt-hohenwarte.de; Personenschifffahrt Linkenmühle, Tel. 03647/418144, www.ms-drachenschwanz.de).

Umgebung: Schloss Burgk hoch über einer Doppelschleife der Saale wurde 1365 erstmals erwähnt und diente bis 1945 den Fürsten Reuß als Jagd- und Sommerresidenz. Der Bau zählt zu den schönsten Schlössern Mitteldeutschlands und wird von künstlerischen Leistungen verschiedener Epochen von Gotik bis Rokoko geprägt. Bemerkenswert sind die Wehranlagen, die Schlossküche mit einem über 20 m hohen Kamin, die Prunkschlafräume, der Rittersaal sowie die Kapelle mit einer Silbermann-Orgel. Das Schlossmuseum zeigt neben den historischen Interieurs auch eine Exlibris-Sammlung mit mehr als 70 000 Blättern. Im Aug. findet das mittelalterliche ›Burg(k)spektakel‹ statt, im Dez. ein Weihnachtsmarkt, Konzerte, Ausstellungen und Vorträge über das ganze Jahr (Museum

Infos

TIPP

Flößen auf der Saale

Als die Saale noch wild und ungebändigt durch Thüringen schäumte, diente sie als wichtiger Transportweg. In den Wäldern geschlagene Langhölzer wurden zusammengebunden und in Richtung Elbe auf den Weg gebracht. Schon in einer Urkunde aus dem 13. Jh. ist von diesem Gewerbe die Rede, das erst in den 1930er-Jahren zum Erliegen kam. Zu DDR-Zeiten ließen es Nostalgiker in Uhlstädt (nordöstl. Rudolstadt) wieder aufleben. Heute kann man zwischen April und Okt. in einer dreistündigen Fahrt die Saale abwärts gleiten und anschließend dem Flößereimuseum einen Besuch abstatten. Auch beim Flößerfest, alle zwei Jahre zu Pfingsten gefeiert (wieder 2007), leben die alten Bräuche noch einmal auf (Tel. 036742/63534, www.uhlstaedt-kirchhasel.de).

Schloss Burgk, www.schloss-burgk.de; April bis Okt. Di.–So. 10.00–17.00, sonst Di.–Fr. 10.00–16.00, Sa. und So. 12.00–17.00 Uhr). Die weiter nördl. gelegenen **Plothener Teiche** laden zur Vogelbeobachtung oder zum Angeln ein. Der Naturpark veranstaltet naturkundliche Führungen (Tourist-Information Plothen, Ortstraße 35, Tel. 036648/23922, www.land-der-tausend-teiche.de).

ⓘ Fremdenverkehrsamt, Platz der Jugend 2, 07924 Ziegenrück, Tel. 036483/22649, Fax 036483/20416, www.ziegenrueck.de

Saalburg-Ebersdorf ⑥

Durch die Bleichlochtalsperre wurde Saalburg (4050 Einw. mit Ebersdorf) 1932 zu einer Stadt am See. 1222 erstmals erwähnt, war die Stadt 1678–1848 fürstliche Residenz derer von Reuß-Saalburg.

Sehenswert: Von der namengebenden **Burg** sind nur noch Grundmauern erhalten. Die Stadtkirche **St. Marien** (vor 1223) ist das älteste Bauwerk der Stadt. Im heutigen Gasthof Kranich residierte früher das Zoll- und Amtshaus. Im **Märchenwald Saalburg** werden rund 40 Märchen in teils lebensgroßen Szenen dargestellt (Dornbachgrund 1, www.maerchenwald-saalburg.de; Mitte März bis Okt., tgl. 9.00–18.00 Uhr).

Veranstaltung: Im Aug. findet das **Technomusik-Festival** ›Sonne, Mond und Sterne‹ über 30 000 Zuschauer.

Aktivitäten: Der Bleilochstausee bietet **Wassersportlern** Möglichkeiten für Wasserski, Surfen, Angeln oder Segeln. Deutschlands größte, 28 km lange Talsperre entstand 1919 bis 1963; die Staumauer ist 65 m hoch. Die TOP ZIEL **Fahrgastschifffahrt Saalburg** verkehrt von Ostern bis Mitte Okt. (Am Torbogen 1, Tel. 036647/22250).

Umgebung: Der **Heinrichstein**, ein 130 m hoher Felsen über der Saale südöstl. Schönbrunn, gilt als schönster Aussichtspunkt am Stausee.

ⓘ Touristinformation, Markt 1, 07929 Saalburg-Ebersdorf, Tel. 036647/29080, Fax 036647/29082, www.saalburg-ebersdorf.de

Bad Lobenstein ⑦

Ausgangspunkt für die Stadtentwicklung war die ab 950 errichtete Burg. Lobenstein selbst wurde 1250 erstmals erwähnt. Neben dem Bergbau und der Tuchmacherei bis Mitte des 19. Jh. blickt das Moorbad (6950 Einw.) auf eine langjährige Kurtradition zurück (Gründung bis 1868).

Sehenswert: Der **Alte Turm**, Rest der 1632 im Dreißigjährigen Krieg zerstörten Burg und Wahrzeichen der Stadt, ist im Sommer zugänglich (Schlossberg 20; Di. und Do. 9.30 bis 13.00, Sa. und So. 14.00–17.30 Uhr). Der Südflügel des reußischen **Neuen Schlosses** (1714/1718) ist zu besichtigen. Interessant sind auch der historische **Markt** und die **Alte Wache**.

Museum: Das **Regionalmuseum** zeigt Exponate zur Stadtgeschichte und einen Kräutergarten (Schlossberg 20; Di. und Do. 9.30–13.00, Sa. und So. 14.00 bis 17.30 Uhr).

Aktivitäten: Die **Ardesia Therme** bietet neben Saunabereich und Badelandschaft auch Moorbäder und -packungen (Parkstraße 8, www.ardesia-therme.de; tgl. 9.00/10.00–22.00 Uhr).

Veranstaltung: Beim traditionellen **Marktfest** (Aug.) leben alte Handwerksbräuche auf.

Umgebung: In der 1729 eröffneten Gießerei Heinrichshütte (Schließung 1982) in **Wurzbach** (nordw.) werden regelmäßig Schaugießen durchgeführt (Leutenberger Straße 44, www.heinrichshuette-wurzbach.de; Mo. bis Do. 9.30–11.30 und 13.00–15.45, Fr. 9.30 bis 11.30 Uhr).

ⓘ Fremdenverkehrsamt, Graben 18, 07356 Bad Lobenstein, Tel./Fax 036651/2543, www.bad-lobenstein.de

Schlicht und geräumig: Schlossküche auf Burgk

Anreise

Auto: In der Mitte Deutschlands gelegen, ist der Thüringer Wald gut zu erreichen. Als Ost-West-Achse verläuft die A 4 nördl. des Waldes von Dresden in Richtung Frankfurt/Main. Die A 9 bringt Reisende aus Berlin und aus Richtung Nürnberg/München in den östl. Teil des Gebietes. Ins Herz der Region führt die neu erbaute Thüringer-Wald-Autobahn A 71, die Erfurt über Suhl und Meiningen mit Schweinfurt verbindet; noch nicht fertiggestellt ist die A 73 bis Coburg. Beim Durchqueren der höheren Lagen des Thüringer Waldes kann es schon im Herbst oder noch im Frühjahr zu Schneefall kommen – Winterbereifung ist daher zu empfehlen.

Bahn: ICE- beziehungsweise IC-/EC-Anbindungen gibt es in den Städten Eisenach, Gotha, Erfurt, Weimar, Jena, Saalfeld und Lichtenfels. Die meisten kleineren Orte sind über Regionalbahnen und Busse erreichbar.

Flugzeug: Erfurt verfügt über einen Flughafen mit Linienverbindungen nach Hamburg, Düsseldorf, Köln-Bonn und München.

Auskunft

Touristische Informationen: Die **Thüringer Tourismus Gesellschaft** informiert auf detaillierten Internetseiten und ist über das Service-Center Thüringen telefonisch erreichbar. Prospektmaterial, Tickets, Reiseliteratur und Landkarten können online oder telefonisch bestellt, Übernachtungen gebucht werden: Thüringer Tourismus GmbH, Weimarische Straße 45, 99099 Erfurt, Tel. 0361/37420, Fax 0361/3742388, www.thueringen-tourismus.de.

Darüber hinaus gibt es den Regionalverbund Thüringer Wald, Gräfenrodaer Straße 2, 98559 Oberhof, Tel. 036842/52697, Fax 036842/52695, www.thueringer-wald.com.

TIPP

Thüringen Card

Die Thüringen Card bietet freien Eintritt in zahlreiche Burgen und Schlösser, Museen und Ausstellungen, Höhlen und Bergwerke, Zoos und Gärten. Dazu kommen Sportangebote, Stadtführungen und Freifahrten in ausgewählten Bussen und Bahnen. Sie ist bei zahlreichen Tourist-Informationen erhältlich mit Gültigkeit für 24 Std. (14,00 €) sowie 3 (33,00 €) oder 6 Tage (53,00 €; Tel. 0361/37420, www.thueringencard.info).

Naturparks: **Naturpark Thüringer Wald**, Ortsstraße 16, 98749 Friedrichshöhe, Tel. 036704/70990, Fax 036704/709919, www.naturpark-thueringer-wald.de.

Naturpark Thüringer Schiefergebirge/Obere Saale, Wurzbacher Straße 16, 07338 Leutenberg, Tel. 036734/23090, Fax 036734/23099, www.thueringer-schiefergebirge-obere-saale.de.

Essen und Trinken

Da der Thüringer seinen Lebensunterhalt einst mit schwerer körperlicher Arbeit in den Bergwerken, der Land- oder Forstwirtschaft bestreiten musste, brauchte er abends reichhaltige und deftige Mahlzeiten. Kräftige Fleischspeisen dominieren daher bis heute die regionale Küche. Am bekanntesten ist wohl die **Thüringer Rostbratwurst**, eine mittelfeine Wurstspezialität im Naturdarm mit herzhaft-würzigem Geschmack – ausschließlich mit Senf zu genießen. Dem **Schmöllner Mutzbraten**, am Spieß gegrilltem Schweinekamm, verleihen Majoran und Birkenholzrauch sein einzigartiges Aroma. Thüringen hält mit dem **Rostbrätl** eine eigene Variante des Grillsteaks bereit, das vor dem Grillen 24 Stunden lang mit Senf, Zwiebeln, Kümmel und Bier mariniert wird.

Auch der Waldreichtum hat in der Küche seine Spuren hinterlassen: So fehlen **Wildgerichte** auf keiner Speisekarte. **Pilze** und **Beeren** werden gerne verwendet sowie wilde **Heil- und Gewürzkräuter**. Rund um die Stauseen der Oberen Saale findet man auch **Räucherfisch**.

Zu den Fleischgerichten werden meist **Klöße** gereicht, im Thüringischen auch ›Hütes‹, ›Hebes‹ oder ›Knölla‹ genannt. Sie werden aus einer Mischung von rohen und gekochten Kartoffeln zubereitet und meist mit kleinen gerösteten Weißbrotstücken gefüllt. Für das Mengenverhältnis der Zutaten gibt es unzählige Geheimrezepte. Qualitätsmerkmale sind Form und Konsistenz: Gute Klöße müssen gleichmäßig rund und weich sein. Am Abend werden die Klöße, die am Mittag keinen Esser gefunden haben, scheibchenweise in der Pfanne gebraten.

Deftiges Essen verlangt nach einem kräftigen **Bier** als Begleitung. Zahlreiche Brauereien beweisen die lange Brautradition des Thüringer Landes. So wurde das beliebte Schwarzbier im 16. Jh. erstmals hier erwähnt. Aber auch die kleinste Brauerei Deutschlands ist in der Region zu finden – in Singen bei Ilmenau.

Neben dieser herben hat der Thüringer Wald auch eine süße Seite. **Blechkuchen** in zahllosen Ausführungen dürfen bei keinem Anlass fehlen – vom Bienenstich über Eierschecken bis zu Obstkuchen. Mancher Bäcker hat über 20 Sorten im Angebot. Ebenfalls sehr beliebt sind

Klöße sind aus Thüringen nicht wegzudenken

Schmandkuchen, belegt mit Mandarinen oder Äpfeln.

Ferienstrassen

Die **Klassikerstraße**, die u. a. durch Eisenach, Ilmenau und Meiningen führt, folgt über 300 km den Spuren von Goethe, Schiller, Liszt, Luther und Bach (www.klassikerstrasse.de).

Kinderträume werden auf der rund 300 km langen **Spielzeugstraße** lebendig, die sich von Waltershausen durch den Thüringer Wald bis nach Nürnberg zieht – vorbei an Museen, Puppen- und Spielzeugmanufakturen zur Besichtigung (www.spielzeugstrasse.de).

Die noch junge **Thüringisch-Fränkische Schieferstraße** führt über 105 km zu den Zentren der Schiefergewinnung, wo man sich in stillgelegten Bergwerken und Verarbeitungsstätten ein Bild vom Abbau des ›blauen Goldes‹ machen kann.

Die langjährige Tradition lässt sich auf der 340 km langen, weit verzweigten **Thüringer Porzellanstraße** erleben. Produktionsstätten, Porzellanmalereien und Museen warten am Nordrand des Schiefergebirges auf Besucher (www.thueringerporzellanstrasse.de).

Die **Bier- und Burgenstraße** führt durch das Thüringer Schiefergebirge über Saalfeld und Rudolstadt und weiter bis nach Bayern (www.bierundburgenstrasse.de).

Die **Reußische Fürstenstraße** folgt den Spuren dieser fruchtbaren Adelsfamilie zwischen Lobenstein und Gera (www.thueringer-vereine.de/reuss_fuerstenstr.htm).

Hotels (eine Auswahl)

Von Varta-Experten geprüft; weitere Adressen im ›Varta-Führer‹ (im Buchhandel erhältlich).

Preise:

€€€€	Doppelzimmer	über 200 €
€€€	Doppelzimmer	150–200 €
€€	Doppelzimmer	100–150 €
€	Doppelzimmer	50–100 €

Arnstadt: € **Prox**, Stadtilmer Straße 45, 99310 Arnstadt, Tel. 03628/6122, Fax 03628/612214, www.prox.de. Die 1996 erbaute Hotelpension präsentiert sich in bester grüner Randlage. 20 Zimmer.

Bad Liebenstein: € **Fröbelhof**, Heinrich-Mann-Straße 34, 36448 Bad Liebenstein, Tel.

DATEN UND FAKTEN

- **Landesnatur:** Der Thüringer Wald umfasst einen bis knapp unter 1000 m hohen Mittelgebirgszug, der sich von Eisenach im Nordwesten bis zum Frankenwald im Südosten zieht. Das circa 130 km lange und 10–35 km breite Kammgebirge wird im Südwesten von der Werra begrenzt, die in den Bergen entspringt. Im Norden schließt sich nördlich Gotha das Thüringer Becken an. Im Nordosten wird der Wald von der Oberen Saale gerahmt. Obwohl sich der Name Thüringer Wald für das gesamte Gebiet eingebürgert hat, handelt es sich eigentlich um zwei Gebirgszüge, die ineinander übergehen: Der eigentliche Thüringer Wald im Nordwesten wird geprägt von vulkanischem Porphyrgestein und den Sedimenten des so genannten Rotliegenden. Zwischen Schönbrunn und Gehren schließt sich das Thüringer Schiefergebirge an, das im Südosten in den Frankenwald übergeht. Die größten Erhebungen sind der Große Beerberg (982 m), der Schneekopf (978 m), der Große Finsterberg (944 m) und der Große Inselsberg (916 m). Das Landschaftsbild ist charakterisiert durch hohe Kammlagen, in die sich zahlreiche Flusstäler tief einschneiden. Große Teile des Laubwaldes, der die Bergregion einst bedeckte, fielen in Zeiten der frühen Industrialisierung der Rodung zum Opfer. In den letzten 200 Jahren wurde hauptsächlich mit schnell wachsenden Fichten aufgeforstet, was das Landschaftsbild sichtlich verändert hat. Zwei große Naturparks und ein Biosphärenreservat bilden heute ein durchgehendes Schutzgebiet. Der Naturpark Thüringer Wald umfasst weite Teile des westlichen und mittleren Thüringer Waldes, des westlichen Schiefergebirges und des Gebirgsvorlandes. Im Naturpark eingeschlossen befindet sich das Biosphärenreservat Vessertal, in dem Waldbestände, Hochmoore und Bergwiesen unter Schutz stehen. Zum Naturpark Thüringer Schiefergebirge/Obere Saale zählt der östliche Teil des Schiefergebirges, das Gebiet rund um die Saaletalsperren bis hin zum ›Land der 1000 Teiche‹ bei Plothen; fünf unterschiedliche Naturräume garantieren dabei eine hohe Vielfalt auf engem Raum.
- **Klima:** Das gemäßigte mitteleuropäische Klima macht den Thüringer Wald das ganze Jahr über zu einem beliebten Reiseziel. Im Winter gelten die Kammlagen als relativ schneesicher, so dass meist mit guten Bedingungen für Wintersportler zu rechnen ist. Die Wandersaison reicht je nach Witterungsverhältnissen von Mai bis Oktober. Durch die Gebirgslage weist der Thüringer Wald höhere Niederschlagswerte auf als die umliegenden Regionen. Aufgrund der Hauptwindrichtung aus dem Südwesten fallen am dortigen Gebirgsrand mehr Niederschläge als im Norden und Nordosten. Die meisten Niederschläge werden in hohen Berglagen gemessen.
- **Bevölkerung:** Es leben rund 881 000 Menschen im Bereich des Thüringer Waldes – mit sinkender Tendenz. Größte Stadt ist Gotha mit 46 900 Einw., gefolgt von Eisenach mit 43 700 und Suhl mit 41 400. Das Land ist relativ dünn besiedelt, zwischen 154 Einw./km² im Landkreis Gotha und 76 Einw./km² im Landkreis Hildburghausen (Durchschnitt in Deutschland 231 Einw./km²). Auch wenn regionale Dialekte heute nicht mehr so eindeutig gesprochen werden, teilt sich die Region dennoch in drei Einflussbereiche, wobei der Rennsteig in etwa auch eine Sprachgrenze bildet. Nordöstlich werden thüringisch-stämmige Dialekte gesprochen, südwestlich fränkisch-stämmige, und um Eisenach und Bad Salzungen ist hessischer Einfluss spürbar.
- **Verwaltung:** Der Thüringer Wald gehört zusammen mit dem Thüringer Becken zum Bundesland Thüringen, das insgesamt 17 Landkreise und sechs kreisfreie Städte umfasst. Zur Region Thüringer Wald gehören die Landkreise Ilm, Gotha, Hildburghausen, Schmalkalden-Meiningen, Wartburg und Sonneberg sowie die kreisfreien Städte Eisenach und Suhl.
- **Wirtschaft:** Reiche Vorkommen an Eisenerz, Holz und Wasser waren wegweisend für die Entwicklung der Industrie im Thüringer Wald. Die Eisenverhüttung wurde um 900 erstmals erwähnt. Aus ihr entstanden zahlreiche Zweige des Schmiedehandwerks und des metallverarbeitenden Gewerbes. Im Lauf der Jahrhunderte kamen die Glas- und Porzellanproduktion dazu sowie weitere Handwerke wie die Herstellung von Spielzeug, Pfeifen, Waffen oder Uhren. Zu DDR-Zeiten wurden mit Handarbeit aus dem Thüringer Wald Devisen erwirtschaftet. Nach der Wende fielen zahlreiche Betriebe dem Strukturwandel zum Opfer, andere spezialisierten sich auf Nischen oder konzentrierten sich auf den Tourismus, der heute zu den wichtigsten Wirtschaftszweigen der Region zählt.

Urwüchsige Natur prägt die Nationalparks

036961/510, Fax 036961/51277, www.froebelhof.de. Großer Garten mit Liegewiese vorhanden. 34 Zimmer.

Bad Lobenstein: Ⓖ **Oberland**, Topfmarkt 2, 07356 Bad Lobenstein, Tel. 036651/65990, Fax 036651/65991, www.hoteloberland.de. Das familiär geführte Haus ist Teil der historischen Stadtmauer und bietet 19 zeitgemäße, nett eingerichtete Zimmer.

Breitungen: Ⓖ **Skaras Landhaushotel**, Wirtsgasse 13, 98597 Breitungen (Werra), Tel. 036848/8800, Fax 036848/880122, www.skaras-landhaushotel.de. Aus einer kleinen historischen Schankwirtschaft – das Gebäude hat seinen Ursprung im 16. Jh. – entwickelte sich ein modernes Hotel mit 15 Zimmern.

Brotterode: Ⓖ **Waldschlösschen**, Gehegsweg 12, 98599 Brotterode, Tel. 036840/32263, Fax 036840/32127, www.gehege.com. Einzeln und naturnah liegt dieser geschmackvolle Gasthof mit seinen 22 gemütlichen Zimmern.

Eisenach: Ⓖ **Burgfried garni**, Marienstraße 60, 99817 Eisenach, Tel. 03691/214221, Fax 03691/214224, www.hotelburgfried.de.

Jugendstilvilla mit 17 wohnlich-eleganten Zimmern im Landhausstil.

Friedrichroda: €€ **Ramada**, Burchardtsweg 1, 99894 Friedrichroda, Tel. 03623/3520, Fax 03623/352500, www.ramada.de. Das moderne Hotel liegt direkt am Kurpark. 141 Zimmer.

Georgenthal: € **Meister Bär Hotel**, Sankt-Georg-Straße 2, 99887 Georgenthal, Tel. 036253/4780, Fax 036253/478888, www.mb-hotel.de. Traditionsreiches renoviertes Haus im Stadtzentrum. 30 Zimmer.

Gotha: €€/€ **Der Lindenhof**, Schöne Aussicht 5, 99867 Gotha, Tel. 03621/7720, Fax 03621/772410, www.lindenhof.bestwestern.de. 89 Zimmer.

Hildburghausen: € **Eschenbach garni**, Häselriether Straße 19, 98646 Hildburghausen, Tel. 03685/79430, Fax 03685/7943434, www.hotel-eschenbach.de. Das familiär geführte Hotel wurde 1995 nach Restaurierung eröffnet. 26 Zimmer.

Ilmenau: €€ **Berg- und Jagdhotel Gabelbach**, Waldstraße 23a, 98693 Ilmenau, Tel. 03677/8600, Fax 03677/860222, www.gabelbach.com. Die ruhige Lage im Wald und die überwiegend im Landhausstil eingerichteten Zimmer des um einen Neubau erweiterten historischen Kurhotels gefallen. Attraktiver Wellnessbereich. 33 Zimmer.

Luisenthal: € **Waldhotel Berghof**, Langenburgstraße 18, 99885 Luisenthal, Tel. 03624/3770, Fax 03624/377444, www.waldhotel-berghof.de. Hotelkomplex auf 4 ha mitten im Wald. 92 Zimmer.

Meiningen: €€ **Schloss Landsberg**, Landsberger Straße 150, 98617 Meiningen, Tel. 03693/88190, Fax 03693/881919, www.meininger-hotels-mit-flair.de. Historische neugotische Schlossanlage mit Möblierung nach Vorbildern des 19. Jh. 13 Zimmer.

Oberhof: € **Berghotel**, Theodor-Neubauer-Straße 20, 98559 Oberhof, Tel. 036842/270, Fax 036842/27100, www.berghotel-oberhof.de. 5 Minuten vom Stadtzentrum entfernt, strahlt das Hotel mit seinem großen Park Ruhe und Behaglichkeit aus. 67 Zimmer.

Ruhla: €€/€ **Thalfried**, Am Park 11, 99842 Ruhla, Tel. 036929/79000, Fax 036929/790079, www.thalfried.de. 29 Zimmer.

Schmalkalden: € **Stadthotel Patrizier**, Weidebrunner Gasse 9, 98574 Schmalkalden, Tel. 03683/604514, Fax 03683/604518, www.stadthotel-patrizier.de. Über dem steinernen Erdgeschoss erheben sich die teilweise kunstvoll ornamentierten Fachwerketagen. 14 Zimmer.

Steinbach-Hallenberg: € **Holland-Moritz**, Hennebergstraße 6, 98587 Steinbach-Hallenberg, Tel. 036847/3620, Fax 036847/36214, www.hotel-holland-moritz.de. In ruhiger Lage und mit einem Restaurant, das regionale und internationalen Gerichte bietet. 8 Zimmer.

Suhl: €€/€ **Ringberg**, Ringberg 10, 98527 Suhl-Ringberg, Tel. 03681/3890, Fax 03681/389890, www.ringberghotel.de. In einer Höhe von 750 m eröffnen sich schöne Aussichten. 290 Zimmer.

Waltershausen: € **Zur Linde**, Eisenacher Landstraße 2, 99880 Waltershausen, Tel. 03622/902603, Fax 03622/902603. Kleine Hotelpension mit 6 Zimmern.

Zella-Mehlis: € **Stadt Suhl**, Bahnhofstraße 7, 98544 Zella-Mehlis, Tel. 03682/40221, Fax 03682/41931, www.hotel-stadt-suhl.de. Familiengeführtes Hotel und Restaurant im Zentrum. 13 Zimmer.

Restaurants (eine Auswahl)

Von Varta-Experten geprüft; weitere Adressen im ›Varta-Führer‹ (im Buchhandel erhältlich).

Preise:

€€€€	Hauptspeise	über 20 €
€€€	Hauptspeise	15–20 €
€€	Hauptspeise	10–15 €
€	Hauptspeise	5–10 €

Arnstadt: €€€/€€ **Stadtbrauerei**, Brauhausstraße 1, 99310 Arnstadt, Tel. 03628/607400. Die Sudpfanne, der Läuterbottich und das Eichenlaubdach geben der Braustube einen besonderen Reiz.

Bad Liebenstein: €€€/€€ **Restaurant-Café Logierhof**, Heinrich-Mann-Straße 3, 36448 Bad Liebenstein, Tel. 036961/31730. Ruhetag: Mi. Behindertengerecht und barrierefrei. Jahreszeitlich orientierte regionale und internationale Küche; Auswahl an Kuchen und Eisspezialitäten.

Bad Lobenstein: €€/€ **Markt-Stuben**, Markt 24, 07356 Bad Lobenstein, Tel. 036651/8270. Thüringer Küche, Lobensteiner Spezialitäten und feine internationale Küche kommen auf den Tisch.

Bad Salzungen: €€€€/€€€ **Salzunger Hof**, Bahnhofstraße 41, 36433 Bad Salzungen, Tel. 03695/6720. Hotelrestaurant mit Bistro und internationaler Küche.

Dröbischau: € **Kemter**, Ortsstraße 33, 07426 Dröbischau, Tel. 036738/42675. Hier finden Thüringer Klöße zu diversen Braten und frisch gezapften Bieren.

Eisenach: €€€€/€€€ **Turmschänke**, Karlsplatz 28, 99817 Eisenach, Tel. 03691/213533. Ruhetag: So. Das Restaurant zeigt sich in altem Glanz mit schönen Bleiglasfenstern und alten Gobelins.

Thüringens geschichtlicher Glanzpunkt: Wartburg

Friedrichroda: €€€/€€ **Deutscher Hof**, Hauptstraße 4, 99894 Friedrichroda, Tel. 03623/31970. Neben gutbürgerlicher Küche sorgt der Chef für eine Auswahl an mediterranen und internationalen Gerichten.

Georgenthal: €€/€ **Gourmesa** im Hotel Rodebachmühle, 99887 Georgenthal, Tel. 036253/340. Die Küche mit regionalen und internationalen Gerichten verdiente sich die Auszeichnung ›Thüringer Gastlichkeit‹.

Ilmenau: €€€€ **La Cheminée** im Romantik Berg- und Jagdhotel Gabelbach, Waldstraße 23a, 98693 Ilmenau, Tel. 03677/8600. Das Gourmet-Restaurant mit offenem Kamin und besonderer Atmosphäre bietet internationale Küche.

Meiningen: €€€ **Die Posthalterei**, Georgstraße 1, 98617 Meiningen, Tel. 03693/4570. Ruhetag: Mo. In den Räumen der ehem. fürstlichen Poststation wird eine beachtenswerte internationale Küche mit euro-asiatischen Einflüssen serviert.

Meuselbach-Schwarzmühle: €€€/€€ **Hotel Waldfrieden**, Mellenbacher Straße 2, 98746 Meuselbach-Schwarzmühle-Schwarzmühle, Tel. 036705/61000. Die Thüringer Küche verwöhnt mit heimischen Spezialitäten.

Neuhaus am Rennweg: €€€€/€€€ **Schieferhof**, Eisfelder Straße 26, 98724 Neuhaus am Rennweg, Tel. 03679/7740. In nostalgischem Flair werden Spezialitäten aus der Region mit kreativen Elementen der neuen deutschen Küche serviert.

Pößneck: €€€/€€ **Villa Altenburg**, Straße des Friedens 49, 07381 Pößneck (östl. Saalfeld), Tel. 03647/422001. Eine herrschaftliche Villa von 1920 wurde zum romantischen Hotel-Restaurant mit internationaler Küche.

Rudolstadt: €€€/€€ **Am Marienturm**, Marienturm 1, 07407 Rudolstadt-Cumbach, Tel. 03672/43270. Im Panoramahotel gelegenes Hotelrestaurant mit internationaler und regionaler Küche.

Ruhla: €€€/€€ **Thalfried,** Am Park 11, 99842 Ruhla, Tel. 036929/79000. In der gemütlichen Thaler Wirtschaft und in der eleganten Landgrafenstube wird eine beachtenswerte regional und klassisch orientierte Küche mit deutlich mediterranen Einflüssen serviert.

Saalfeld/Saale: €€€ **Ratskeller,** Markt 1, 07318 Saalfeld/Saale, Tel. 03671/517510. Ruhetag: Mo. Unterm historischen Kreuzgewölbe gibt es eine leichte Küche auf klassischer Basis mit mediterranen und asiatischen Elementen.

Schmalkalden: €€/€ **Stadthotel Patrizier,** Weidebrunner Gasse 9, 98574 Schmalkalden, Tel. 03683/604514. Historischer Gewölbekeller mit rustikal-romantischer Atmosphäre, Thüringer Stube oder ein Feinschmeckerlokal mit Thüringer, nationalen und internationalen Gerichten.

Steinach: €€€€/€€€ **Landhaus Walderholung,** Straße zum Silbersattel 5, 96523 Steinach, Tel. 036762/32831. Ruhetage: Mo., Di. Mediterrane Küche.

Suhl: €€/€ **Goldener Hirsch,** An der Hasel 91, 98527 Suhl, Tel. 03681/79590. Das Gasthaus wurde bereits 1616 erbaut.

GESCHICHTE

- **Um 200 000 v. Chr.** Erste Spuren menschlicher Besiedelung in Thüringen.
- **318 n. Chr.** Erste Erwähnung der Toringi (Thüringer) durch den römischen Militärschriftsteller Flavius Vegetius Renatus.
- **531** Zerschlagung des Königreiches der Toringi durch Franken und Sachsen.
- **725** Gründung einer Klosterzelle in Ohrdruf durch den angelsächsischen Mönch Bonifatius. Beginn der Missionierung in Thüringen.
- **10.–13. Jh.** Entstehung neuer Siedlungsgebiete durch Rodungen in den mittelhohen Bereichen des Thüringer Waldes.
- **Um 1040** Ludwig der Bärtige gründet die thüringische Ludowinger-Dynastie.
- **1067** Ludwig der Springer, Sohn Ludwigs des Bärtigen, errichtet die Wartburg. Diese entwickelt sich zum kulturellen Zentrum und ist 1206 legendärer Schauplatz des ›Sängerkrieges‹.
- **1221** Landgraf Ludwig IV. heiratet die mildtätige ungarische Prinzessin Elisabeth, die 1235 heiliggesprochen wird.
- **1264** Infolge des thüringisch-hessischen Erbfolgekrieges nach dem Tod Heinrich Raspes, des letzten Ludowingers, fällt die Landgrafschaft Thüringen an den Wettiner Markgrafen Heinrich den Erlauchten von Meißen.
- **1485** Durch die ›Leipziger Teilung‹ zwischen Kurfürst Ernst und seinem Bruder Albrecht entstehen im Norden die ›albertinischen‹ und im Süden die ›ernestinischen Lande‹.
- **1521/1522** Von Friedrich dem Weisen auf der Wartburg versteckt, übersetzt Luther das Neue Testament.
- **1531** Die protestantischen Reichsstände schließen sich im Schmalkaldischen Bund gegen (den katholischen) Kaiser Karl V. zusammen.
- **1618–1648** Während des Dreißigjährigen Krieges wird Suhl als Waffenschmiede bekannt, das Land aber verheert; die Hälfte der Bevölkerung kommt um.
- **1640–1675** Ernst der Fromme, Herzog von Sachsen-Gotha-Altenburg, errichtet Schloss Friedenstein in Gotha und leitet einen neuen Aufschwung ein.
- **1775** Goethe wird Minister in Weimar. Die Deutsche Klassik bestimmt in der Folgezeit die Kultur.
- **19. Jh.** Die zunehmende Industrialisierung führt auch zum Aufschwung im Thüringer Wald. Griffel aus Steinach, Glas aus Lauscha und Spielzeug aus Sonneberg werden exportiert.
- **1817** Auf dem Wartburgfest der Burschenschaften kommt es zu Protesten gegen die Kleinstaaterei; gefordert wurde die Einigung Deutschlands.
- **1829** Erste durchgehende Rennsteigwanderung durch Julius von Plänckner.
- **1838–1890** Die Wartburg wird restauriert und entwickelt sich zum Nationaldenkmal.
- **1869** In Eisenach wird die Sozialdemokratische Arbeiterpartei gegründet, 1875 in Gotha die Sozialistische Arbeiterpartei (ab 1890 Sozialdemokratische Partei Deutschlands).
- **1898** In Eisenach beginnt die Automobilproduktion.
- **1918** Die thüringischen Fürstenhäuser danken ab, nachdem der verlorene Erste Weltkrieg zum Zusammenbruch des Deutschen Kaiserreichs geführt hat. Missernten und Mangel hat auch hier die Kriegsjahre begleitet. Die verbliebenen Kleinstaaten schließen sich 1920 zum Land Thüringen zusammen.
- **1930** Die erste völkisch-nationalsozialistische Landesregierung und Deutschlands wird gebildet. Ab 1932 stellen die Nationalsozialisten die Regierung allein.
- **1945** Thüringen wird am Ende des Zweiten Weltkriegs zunächst amerikanisch besetzt, aufgrund der Vereinbarungen von Jalta aber bereits zwei Monate später den Sowjets übergeben.
- **1952** Thüringen wird von der DDR aufgelöst und in die Bezirke Erfurt, Gera und Suhl aufgeteilt.
- **1990** Beitritt der DDR – und damit auch Thüringens – zur Bundesrepublik Deutschland. 1991 Neugründung des Landes Thüringen mit Erfurt als Landeshauptstadt.
- **1994** Thüringen gibt sich durch Volksentscheid eine neue Verfassung.
- **2004** Eröffnung der Thüringer-Wald-Autobahn.

Der ›Dixi‹ gehörte zu Eisenachs Erfolgsmodellen

Sport

Radfahren: Der **Rennsteig** ist auch bei Radwanderern und Mountainbikern sehr beliebt. Der Radwanderweg verläuft auf 24 km identisch mit dem Wanderweg, auf 105 km parallel zu ihm und auf 66 km auf Straßen. Die Strecke trifft in Blankenstein an der bayerischen Grenze mit dem 198 km langen **Saale-Radwanderweg** zusammen, der über die Talsperren sowie Saalfeld und Rudolstadt führt. Populär ist auch der **Ilmtal-Radwanderweg**, der im Thüringer Wald beginnt und über Ilmenau und Weimar in den Norden geht. In Schmücke bei Oberhof kann man auf den 75 km langen **Gera-Radwanderweg** aufbrechen. Südlich des Gebirges verläuft schließlich der **Werratal-Radweg**.

Wandern: Die abwechslungsreiche Landschaft mit Bergen, Tälern, Wäldern und Flüssen bietet Wanderern mit mehr als 6000 km ausgeschilderten Wegen ein ideales Revier. Nahezu jeder Ort verfügt über ein umfangreiches Netz aus markierten Routen und Lehrpfaden. Dazu kommen zahlreiche Themenwege: der **Martin-Luther-Weg** (Schmalkalden–Tambach–Dietharz, 17 km), der **Schillerweg** (Meiningen–Bauerbach, 10,7 km), der **Benediktinerpfad** (Rundweg ab Friedrichroda, 15 km), der **Pummpälzweg** (Eisenach–Frankenstein, 28 km), der **Schwarzatal-Olitätenwanderweg** (Rundstrecke ab Döschnitz, 21,7 km), der **Schieferlehrpfad** (Probstzella–Ludwigsstadt, 30 km), der **Saale-Orla-Wanderweg** (ab/bis Blankenstein, 326 km) und der **Rundwanderweg Hohenwartestausee** (ab/bis Staumauer, 74 km) sowie Deutschlands wohl bekanntester und beliebtester Höhenwanderweg, der **Rennsteig**. Ausgezeichnet mit dem Gütesiegel des Deutschen Wanderverbandes ›Qualitätsweg wanderbares Deutschland‹ sind der **Goethewanderweg** (Ilmenau–Stützerbach, 18,5 km) und der **Gipfelwanderweg** rund um Suhl (29,4 km).

Wassersport: **Wasserwanderer** sind auf der Saale oder der Werra gut aufgehoben. Die Saalestauseen eignen sich für Sportarten wie **Surfen, Segeln** und **Tauchen.** Bei schlechtem Wetter stehen zahlreiche **Badelandschaften** zur Verfügung – in Oberhof, Brotterode, Tabarz und Bad Salzungen. Breitungen verfügt über ein Bad an Kiesseen, in Tambach-Dietharz kann man im Bergsee Ebertswiese schwimmen gehen. Ideal zum **Angeln** ist das Gebiet der Plothener Teiche.

Ungewöhnlicher Wanderweg im Hainich

Wintersport: 1800 km Skiwanderwege, mehr als 500 km gespurte Loipen, Rodeln, rund 20 Skilifte – auch im Winter hält der Thüringer Wald zahlreiche Sportangebote bereit. Auf ausgedehnten Loipen und Skiwanderwegen können Skiläufer durch die Wälder streifen, oder auf einem der zahlreichen Abfahrtshänge zu Tal wedeln.

Weitere Aktivitäten: Goldwaschen, Glasblasen, Schießsport, Bogenschießen, Klettern am Fels oder in Hochseilgärten, Nordic Walking, Eisstockschießen, Skispringen.

Register

Register

Fette Ziffern verweisen auf Abbildungen.

Impressum

Verlag: HB Verlag, Marco-Polo-Straße 1, 73760 Ostfildern, Postfach 3151, 73751 Ostfildern, Tel. 0711/4502-0, Fax 0711/4502-135, www.hb-verlag.de, info@bildatlas.de
Geschäftsführer: Dr. Thomas Brinkmann, Dr. Stephanie Mair-Huydts

Chefredaktion und Programmleitung: Rainer Eisenschmid, Birgit Borowski
Redaktion: Horst Keppler
Text: Oliver Gerhard, Berlin
Exklusiv-Fotografie: Kay Maeritz, Salzböden
Zusätzliches Fotomaterial: HB Bildatlas Fotoservice/ Sabine Lubenow (S. 64/65 o.r.)
Titelbild: Bildagentur Huber/R. Schmid
Grafische Konzeption: CYCLUS · Visuelle Kommunikation, Stuttgart
Layout: Otterbach Medien KG GmbH & Co., Rastatt
Kartografie: © MAIRDUMONT GmbH & Co. KG, Ostfildern
HB Bildatlas Fotoservice: HB Verlag, Marco-Polo-Straße 1, 73760 Ostfildern, Tel. 0711/4502-266, Fax 0711/4502-1006, a.nebel@mairdumont.com

Für die Richtigkeit der in diesem HB Bildatlas angegebenen Daten – Adressen, Öffnungszeiten, Telefonnummern usw. – kann der Verlag keine Garantie übernehmen. Nachdruck, auch auszugsweise, nur mit vorheriger Genehmigung des Verlages. Erscheinungsweise: monatlich.

Anzeigenvermarktung: MAIRDUMONT MEDIA, Tel. 0711/4502333, Fax 0711/45021012, media@mairdumont.com, http://media.mairdumont.com
Vertrieb Zeitschriftenhandel: PARTNER Medienservices GmbH, Postfach 810420, 70521 Stuttgart, Tel. 0711/7252-227, Fax 0711/7252-310
Vertrieb Abonnement: Zenit Pressevertrieb GmbH, Postfach 810640, 70523 Stuttgart, Tel. 0711/7252-265, Fax 0711/7252-333, hbverlag@zenit-presse.de
Vertrieb Buchhandel und Einzelhefte: MAIRDUMONT GmbH & Co KG, Marco-Polo-Straße 1, 73760 Ostfildern, Tel. 0711/4502-0, Fax 0711/4502-340
Reproduktionen: Otterbach Medien KG GmbH & Co., Rastatt
Druck und buchbinderische Verarbeitung: Neef + Stumme GmbH & Co. KG, Wittingen.
Printed in Germany

Zeichenerklärung

Autoatlas

Autobahn mit Anschlussstelle -, Bedarfsumleitung (Eisenach-Mitte, 39b, 16)
Rasthaus mit Übernachtung - Raststätte ("Eisenach")
Kleinraststätte - Tankstelle - Autohof
Parkplatz mit WC - Parkplatz ohne WC
Autobahn in Bau mit Fertigstellungsdatum (2009)
Autobahnähnliche Schnellstraße
Fernverkehrsstraße - Wichtige Hauptstraße
Hauptstraße - Nebenstraße
Fahrweg - Fußweg
Straßentunnel - Brücke
Entfernungen an Autobahnen in km
Entfernungen an Straßen in km
Touristenstraße (Klassikerstraße)
Landschaftlich schöne Strecke
Europa-, Autobahn-, Straßennummern (E40, 4, B4)
Wanderweg
Eisenbahn mehrgleisig - eingleisig
Bahnhof - Brücke - Tunnel
Museumseisenbahn
Kultur - Eine Reise wert (ERFURT)
Kultur - Lohnt einen Umweg (ARNSTADT)
Kultur - Sehenswert (SCHLEUSINGEN)
Landschaft - Lohnt einen Umweg (Rennsteiggarten)
Landschaft - Sehenswert (Rauhügel)
Info - Hinweis
Schöne Aussicht
Campingplatz - Jugendherberge - Golfpl.
Heilbad - Schwimm-, Strand-, Erlebnisbad
Bedeutendes Bauwerk - Bedeutendes Areal
Kirche - Kapelle
Kloster - Klosterruine
Schloss, Burg - Schloss-, Burgruine
Wassermühle - Denkmal - Wasserfall
Funk-, Fernsehturm - Turm
Soldatenfriedhof - Bergwerk - Höhle
Einzeln stehendes Hotel, Gasthaus, Bergh.
Ausgrabungs-, Ruinenstätte
Megalithgrab - Lands.Objekt - Ortshöhe (194)
Verkehrsflughafen-Flugplatz-Segelflugplatz
Naturpark - Sperrgebiet

Cityplan

Autobahn
Durchgangsstraße - Hauptstraße
Einbahnstraße - Fußgängerzone
Bahnhof
Parkplatz - Parkhaus - Information
Omnibuslinie mit Endhaltestelle (17)
Polizei - Post - Turm
Feuerwehr - Krankenhaus - Denkmal
Kirche - Kapelle
Info - Hinweis
Bebauung - öffentliches Gebäude
Industriegebiet

Anzeigen

Berghotel Eisenach
Herrliche Aussichtslage-Wartburgpanorama
Telefon: 03691-2266-0, Fax: 2266-44
www.berghotel-eisenach.de, info@berghotel-eisenach.de

Das total verrückte Kartoffelhaus, Sophienstr. 44, 99817 Eisenach, Tel./Fax 0 36 91/72 15 68, www.kartoffelhaus-eisenach.de, wir kochen gut, wir kochen reichlich, wir kochen einfach unvergleichlich, urig, kinderfreunlich – einmalig in Eisenach

Tourist-Information „Haseltal" bei Oberhof
98589 Steinbach-Hallenberg, Tel. 036847/41065, Fax 41066, gastinfo@steinbach-hallenberg.de, www.haseltal-bei-oberhof.de, Urlaub im reizvollen Rennsteiggebiet

BROTTERODE – gut gebucht ist mittendrin! Erholungsort am Rennsteig, Urlaub individuell und trotzdem umfassend. Gästeinformation, PF 21, 98599 Brotterode, Tel.03 68 40/33 33 Fax 33 35, www.brotterode.com

Rennsteigwanderung ohne Gepäck

Hotel Berggarten
Inselbergstraße 59
98599 Brotterode
Telefon 03 68 40/37 20
Telefax 03 68 40/3 72 32

Unser in Familienbetrieb geführtes Wanderhotel liegt am Ortsrand von Brotterode.

Wir begrüßen Sie recht herzlich, ob als Urlaubsgast, als Wanderer, Busgesellschaft oder zu einer Familienfeier.

Auch ein romantisches Essen zu zweit ist möglich in unserer Jägerstube, vorm Kamin oder im kleinen Restaurant.

Außer diesen bieten wir Ihnen eine Bibliothek, großzügige Sauna mit kleinem Fitnessbereich, Biergarten mit Liegewiese und Parkplatz am Haus.

Die 18 Gästezimmer sind mit DU/WC,Telefon und Kabel-TV-Anschluß ausgestattet.

www.Rennsteigwanderung.de
info@berggarten-brotterode.de

STAATLICH ANERKANNTER ERHOLUNGSORT

Sehenswürdigkeiten in Zella-Mehlis
- „Bürgerhaus" mit Galerie und Tourist-Information
- Museum in der ehemaligen Beschußanstalt, Anspelstr. 25, Tel. 0 36 82/46 46 98/99
- Technisches Museum Gesenkschmiede, Lubenbachstr. 4, Tel. 0 36 82/4 33 45
- Erlebnispark Meeresaquarium, Beethovenstr. 16, Tel. 0 36 82/4 10 78
- ganzjähriger Thüringer Weihnachtsmarkt, Bahnhofstr. 54, Tel. 0 36 82/4 61 10
- Glasstudio Risch (Werkstatt, Vorführung, Verkauf), Jägerstr. 16, Tel. 0 36 82/48 32 98

Öffnungszeiten:
Mo–Fr. 10–12
und 13–18 Uhr
Sa 10–12 Uhr

Tourist-Information Zella-Mehlis
Louis-Anschütz-Straße 28, 98544 Zella-Mehlis, Tel. 0 36 82/48 28 40, Fax 0 36 82/48 71 43
email: touristinfo@zella-mehlis.de • www.zella-mehlis.de

HENNEBERGISCHES MUSEUM Kloster Veßra

Mittelalterliche Klosteranlage
Hennebergische Fachwerkhäuser
Ausstellungen zur Geschichte und Volkskunde
Gartenanlagen, Veranstaltungen

April – September 09.00 – 18.00 Uhr
Oktober – März 10.00 – 17.00 Uhr
November – April montags geschlossen

Telefon (03 68 73) 6 90 30, Fax (03 68 73) 6 90 49
www.museumklostervessra.de

Schloß Ehrenstein Ohrdruf

Das Schloss Ehrenstein zählt zu den schönsten Renaissance-Schlössern Mitteldeutschlands. Es wurde 1550 bis 1590 nach Entwürfen des Ohrdrufer Baumeisters Valentin Kirchhof auf den Resten der Petrikirche errichtet. Die kunstvoll geschmückten Ziergiebel, Erker und Tordurchfahrten wurden nach italienischem Vorbild gestaltet und sind eine bildhauerische Meisterleistung.

Nach dem Tod des letzten Grafen von Gleichen 1631 fielen Schloss und Grafschaft Obergleichen an die Grafen von Hohenlohe. Das spätere Fürstenhaus Hohenlohe verkaufte das Schloss im Jahre 1869 an den gothaischen Staat. Von nun an beherbergte der Nordflügel über 100 Jahre zunächst die Ohrdrufer Realschule und das Progymnasium, von 1957 bis 1972 eine russische Schule. Nach 15 Jahren Nutzung war die Anlage nur noch ein Schatten einer längst vergangenen Zeit.

Nachdem die Stadt Ohrdruf Anfang der 90er Jahre Eigentümer des Schlosses wurde, hat sie umfangreiche Sanierungsarbeiten vorgenommen. Im Nordflügel wurde ein modernes Stadtarchiv eingerichtet. Im Obergeschoß des selben Flügels entstand ein Bürgersaal, der für repräsentative Veranstaltungen genutzt wird. Der Rokokosaal, ebenfalls im Nordflügel gelegen, erstrahlt seit 2006 wieder in altem Glanz.

Das im Schloss beheimatete Museum der Stadt, zeigt unter anderem Dauerausstellungen zum Leben und Wirken der Musikerfamilie Bach in Ohrdruf, zur Geschichte der Ohrdrufer Spielwarenindustrie und zur Geschichte des Ohrdrufer Truppenübungsplatzes.

Museum: Di., Mi. und Do. 12.00 – 16.00 Uhr
Fr., Sa. und So. 10.00 – 12.00 Uhr und 13.00 – 16.00 Uhr
Museum Ehrenstein Ohrdruf, 0 36 24/40 23 29
Stadtarchiv, 0 36 24/31 14 38
Stadtverwaltung Ohrdruf, 0 36 24/33 02 10
www.ohrdruf.de

WM Ferienregion Oberhof
Crawinkler Straße 2, 98559 Oberhof,
Tel. 03 68 42/26 90, Fax 03 68 42/2 69 20, www.oberhof.de,
information@oberhof.de

Marienglashöhle Friedrichroda

Eine der größten Kristallgrotten mit Marienglas in Europa, einzigartiges Schaubergwerk, Bergwerk von 1775-1903

Ganzjährig geöffnet:
01.11.-31.03.
9.00 Uhr - 16.00 Uhr
01.04.-31.10.
9.00 Uhr - 17.00 Uhr

99894 Friedrichroda,
Tel. 03623/311667,
Fax 304953

Anfahrt: BAB 4 Abfahrt Waltershausen, B88 in Richtung Luftkurort Friedrichroda oder Thüringerwaldbahn

Luftkurort Friedrichroda
Weitere Informationen:
Kur- und Tourismus GmbH
Marktstraße 13/15 99894 Friedrichroda
Tel. 03623 / 33200, Fax 332029
www.friedrichroda.de
friedrichroda.kur@t-online.de

GOTHA
Residenzstadt

Die historische Residenzstadt entdecken ...

Öffentliche Stadtrundgänge

Mittwoch 11.00 Uhr
Freitag 14.00 Uhr
Samstag 14.00 Uhr
Sonntag 11.00 Uhr

Treffpunkt Rathaus Preis 3,00 € p.P.

Gotha-Information • Hauptmarkt 2 • 99867 Gotha
Tel. 03621 / 222 132 • e-mail:tourist-info@gotha.de

Tierpark Gotha

Die Erlebniswelt im Naturschutzgebiet Kleiner Seeberg
Töpfleber Weg 2

Öffnungszeiten:
Sommer
Mo - So 9.00 - 18.00 Uhr
Winter
Mo - So 9.00 - 16.00 Uhr
Übergangszeit
Mo - So 9.00 - 17.00 Uhr

wibegoservicegmbh

Herzlich Willkommen in unserem individuell im Landhausstil eingerichteten 3 Sterne Hotel

Landhaus Hotel Romantik

Ramona & Roland Gewalter
Salzgitterstraße 76, 99867 Gotha
Telefon (0 36 21) 36 49-0
Telefax (0 36 21) 36 49-49
www.landhaus-hotel-romantik.de
gewalter@landhaus hotel romantik.de

Anzeigen

STIFTUNG SCHLOSS FRIEDENSTEIN GOTHA

Postanschrift:	Postfach 10 03 19
	99853 Gotha
Telefon:	+49 36 21/82 34-51
Fax:	+49 36 21/82 34-57
E-Mail:	service@stiftungfriedenstein.de
Internet:	www.stiftungfriedenstein.de

SCHAUAQUARIUM "NAUTILAND"

Marktplatz 2
96515 Sonneberg
Tel.: 03675/427888
Info@schauaquarium-nautiland.de

ÖFFNUNGSZEITEN:

Dienstag - Sonntag: 11.00 17.00 Uhr
Feiertage: 11.00 17.00 Uhr
Montag: geschlossen

Während den Sommerferien Montags geöffnet

Vergessen Sie doch einmal den Alltagsstress und tauchen Sie ein in eine faszinierende Unterwasserwelt, die Ihnen im Nautiland Sonneberg dargeboten wird.

835 m NN – dort, wo der Rennsteig Rennweg heißt

Neuhaus am Rennweg

Staatlich anerkannter Erholungsort
Wander- und Wintersportzentrum

TOURISTINFORMATION
98724 Neuhaus am Rennweg • Marktstraße 3
Telefon: (0 36 79) 1 94 33 • Fax: (0 36 79) 70 02 28
Email: touristinformation@neuhaus-am-rennweg.de
Internet: www.neuhaus-am-rennweg.de

NEUHAUS AM RENNWEG
Stadt auf den Bergen des Thüringer Waldes

DER CHRISTBAUM
Lauschaer Christbaumschmuck
mundgeblasen und handbemalt!

® Greiner-Mai GmbH
Am Herrenberg 7c
D-98724 Neuhaus a. Rwg.

LAUSCHER® GLASKUNST

Tel. 0 36 79/72 51 94 Ž E-Mail: info@greiner-mai-gmbh.de

ilmenau
himmelblau

Fremdenverkehrsamt Ilmenau-Information

- Zimmervermittlung
- Kartenvorverkauf
- Auskünfte
- Stadtführungen
- Wanderungen z. B. auf dem Goethewanderweg (20 km), ein „Qualitätsweg Wanderbares Deutschland“

Lindenstraße 12, 98693 Illmenau
Tel. 0 36 77/20 23 58, Fax 0 36 77/20 25 02
www.ilmenau.de, stadtinfo@ilmenau.de

Schaubergwerk „Volle Rose“ im malerischen Schortetal
zwischen Langewiesen und Ilmenau, Tel./Fax 0 36 77/89 90 65
www.schaubergwerk-langewiesen.de, Fahrt in den historischen Talstollen (360 m), Sammlung von Bergbaumaschinen

Masserberg
Einsiedel | Fehrenbach | Heubach | Schnett

... die Perle am Rennsteig

Heilklimatischer Kurort Masserberg

Inmitten des schönen Thüringer Waldes lädt Masserberg zu Ruhe, Erholung und Entspannung ein. Bereits zur Jahrhundertwende als Ferien- und Kurort entdeckt, bietet die „Perle am Rennsteig“ den idealen Ausgleich für all diejenigen, die fern des hektischen Alltags wieder tief durchatmen möchten. Wandern in schneebedeckter Landschaft oder in blühender Natur – Masserberg ist zu jeder Jahreszeit ein attraktives Ausflugsziel.

Tourismus Agentur Masserberg GmbH | **Hauptstraße 37** | **98666 Masserberg** | Geschäftsführer **Markus Winkler**
Telefon **03 68 70 - 5 70 15** | Telefax **03 68 70 - 5 70 27** | E-Mail **info@masserberg.de** | **www.masserberg.de**

Pension Teichmühle, Schleusinger Str. 40, 98693 Mahebach
Inh. H. Koleczko, Tel. 03677/894142, Fax 03677/207688, 1 EZ, 8 DZ, 1 Ferienwhng., www.pension-teichmuehle.de, Sehr beliebte Pension idyll. im Ilmtal am Goethewanderweg, Rennsteignaehe

DEM GLAS AUF DER SPUR

ERLEBNISTOUR • GLASSTUDIO • GLASMARKT
WEIHNACHTSWELT • SONDERVERKAUF

FARBGLASHÜTTE LAUSCHA

Straße des Friedens 46 • 98724 Lauscha
Tel. 036702/281-0 • Fax 036702/20 340 • Internet: www.farbglashuette.de

Öffnungszeiten: Mo-Fr: 10.00 - 18.00Uhr ● Sa, So, Feiertag: 10.00 - 17.00 Uhr ● Führungen: täglich 10.00 - 15.30 Uhr

Residenzschloss Heidecksburg

Das ehemalige Residenzschloss der Fürsten von Schwarzburg-Rudolstadt bietet eine Fülle architektonischer Kostbarkeiten des Barock und Rokoko. Es ist heute Museum und Pflegestätte bedeutender kunst- und kulturgeschichtlicher sowie naturwissenschaftlicher Sammlungen. Zu besichtigen sind die Fest- und Wohnräume, die Porzellangalerie, das Naturalienkabinett, die Waffensammlung »Schwarzburger Zeughaus«, der »Tiefe Brunnen«, das Museum für schwarzburgische Geschichte, die Gemäldegalerie und als neueste Attraktion die Sammlung »Rococo en miniature« (ab Juni 2007).

Mai–September 10–18 Uhr
Oktober–April 10–17 Uhr
montags geschlossen

Schlossbezirk 1
07407 Rudolstadt
Telefon (03672) 42 90-0
www.heidecksburg.de
museum@heidecksburg.de

Fitness für die Seele

PANORAMAHOTEL & RESTAURANT AM MARIENTURM

★★★★

Lassen Sie die Hektik des Alltages hinter sich, tauchen Sie ein in die angenehme Atmosphäre unseres Hauses und nutzen Sie die Zeit zum

Sich-gehen-lassen

Fragen Sie nach unseren **Spezialangeboten**

Marienturm1, 07407 Rudolstadt, Tel. 03672/43 27-0
www.hotel-marienturm.de

Reiterhof „Zum Alten Forsthaus". Erholung für Jung u. Alt, 07356 Bad Labenstein, Gallenberg 5, Tel. 03 66 51/35 87. Wanderungen zu Fuß, zu Pferd oder zu Ski, Streichelzoo, Minigolfanlage, Hausmannskost, Therme 20 Min. zu Fuß.

Rudolstadt, Tourist-Info, Marktstr. 57, 07407 Rudolstadt, Tel. 0 36 72 / 41 47 43, Fax. 43 12 86, www.rudolstadt.de
Die Stadt ist bis heute umgeben vom Hauch der alten Residenz, in der sich Goethe und Schiller erstmals begegneten.

Thüringer Landhotel "Edelhof" Kolkwitz

"Abseits von Lärm und Hektik - mitten im grünen Herzen Deutschlands!"

Unser uriges Ambiente zieht Sie schnell in seinen Bann.
Ein Außenpool mit großer Liegewiese, eine Sauna, ein hauseigener Fahrradverleih, eine moderne Kegelbahn sowie viele Rad- und Wanderwege laden zum erholsamen Verweilen ein.

- 40 Zimmer mit 85 Betten
- Ritteressen mit Minnesänger
- Räumlichkeiten bis zu 100 Pers.
- Eiscafé seit 2004

Inhaber: Annett Dressel – Landhotel Edelhof –
Kolkwitz 27, 07407 Uhlstädt, Kirchhasel, Tel. 0 36 72/48 04-0, Fax 0 36 72/42 26 28, www. Landhotel-edelhof.de

Landhotel Kains Hof

30 Zimmer
61 Betten
Tagungsraum

Wellness
Massagen
Whirlpool
Sauna

Weißen 19 - 07407 Uhlstädt

BACHSTADT
ARNSTADT
Komm' in den ältesten Ort Thüringens!

Tourist - Information
Telefon: 0 36 28 / 60 20 49
Fax: 0 36 28 / 66 18 47
E-Mail: info@arnstadt.de
Internet: www.arnstadt.de

SAALEMAXX
Das Freizeitbad Rudolstadt

Rein ins Vergnügen!

Wellenbecken 4 * Wasserrutschen
Kleinkinderbereich * Außenbecken
Wellnessbereich * Massage
Saunawelt * Sportbad
Gastronomie
kostenlose Parkplätze
täglich 10 bis 22 Uhr

SAALEMAXX * Hugo-Trinckler-Str. 6 * 07407 Rudolstadt * Tel. 03672 31450 * www.saalemaxx.de * info@saalemaxx.de

Gemeinde Uhlstädt-Kirchhasel

Jenaische Straße 90, 07407 Uhlstädt-Kirchhasel
Tel. 03 67 42/6 70 60, Fax 03 67 42/6 22 78
E-Mail: uhlstaedt-kirchhasel@t-online.de
Internet: www.uhlstaedt-kirchhasel.de

Tourist-Information (Am Saalewehr)
Tel. 03 67 42/6 35 34, Fax 03 67 42/6 35 36
E-Mail: touristinfo-uhlstaedt@t-online.de

Im Dreieck zwischen Rudolstadt, Jena und Weimar gelegen, ist die Gemeinde Uhlstädt-Kirchhasel der ideale Ausgangspunkt, um Thüringen zu entdecken. Das touristische Angebot ist breit gefächert und bietet interessante Ziele für Wanderungen zu Fuß, auf dem Wasser oder mit dem Rad. Den Gästen stehen ausreichend Übernachtungsmöglichkeiten unterschiedlicher Kategorien zur Verfügung. In ruhiger Lage können vor allem Familien einen erlebnisreichen Urlaub auf dem Bauernhof verbringen.
Uhlstädt ist mit Ober- und Kleinkrossen, Rückersdorf, Weißbach und Weißen staatlich anerkannter Erholungsort.

Touristische Angebote und Sehenswürdigkeiten:
Flößereimuseum, Sport- und Freizeitzentrum (Tennisplätze, Kegelbahn, Badmintonhalle, Bootsverleih, Zelt- und Grillplatz), touristische Floßfahrten und Kanuwandern auf der Saale, Reiten, Kutschfahrten; lohnende Ausflugsziele sind die Kirchenruine Töpfersdorf, die Burgruine Schauenforst, der Aussichtspunkt Kienberghaus und die Wandergebiete von der Uhlstädter Heide bis zum Hexengrund und nach Großkochberg.

Hotel Fürstenhöhe

Saalburg

Fürstlich speisen zu bürgerlichen Preisen!
(68 Betten, Sauna, Kegelbahn)

Hotel Fürstenhöhe
Am Kulmberg 2
07929 Saalburg-Ebersdorf

Telefon: 036647 299-0
Telefax: 036647 299-117
Internet: www.saalburg.de

ÜN/F im DZ schon ab 26,–€/P.
Angebot z.B.: 5 Tage (4xÜN/F) ab 99,–€/P.i.DZ inkl. Schiffsrundfahrt und Kegelbahn

Fahrgastschiffahrt

Rundfahrten
Kaffeefahrten
Charterfahrten

Fahrgastschiffahrt Saalburg GmbH
Am Torbogen 1
07929 Saalburg-Ebersdorf

Telefon: 036647 22250
Telefax: 036647 299-117
Internet: www.saalburg.de
Fahrten von Ostern bis Mitte Oktober möglich

Sommerrodelbahn

Immer wieder ein Erlebnis für Jung und Alt!

Sommerrodelbahn Saalburg
Am Kulmberg 1a
07929 Saalburg-Ebersdorf

Telefon: 036647 299-150
Internet: www.saalburg.de
täglich geöffnet von Ostern bis Ende Oktober

Erleben Sie Spiel, Spaß und Spannung im Casino Erfurt. An 90 topmodernen Automaten haben Sie bei kleinem Einsatz die Chance auf den ganz großen Gewinn. Und wer sich für die Jackpot-Jagd stärken will, kommt an unserer Mystery Bar voll auf seine Kosten.

- **Traumautos ab 50 Cent im Mystery Jackpot**
- **Über 90% Gewinnausschüttung**
- **Eintritt nur 1 Euro**
- **Täglich geöffnet von 13 – 2 Uhr**

Theaterplatz 2 ✶ 99084 Erfurt
Telefon 03 61 / 21 92 63-0
www.spielcasinoerfurt.de

Casino Erfurt

Anzeigen

Hotel-Gasthof „Zur Krone" Thüringer Schiefergebirge
Biken – Motorrad – Wellness – für nette Menschen unterwegs
07929 Saalburg – Ebersdorf – Tel. 036651/87041, ab 31€
Hallenbad – Sauna im Haus – www.zurkrone-ebersdorf.de

Ardesia Therme

- Die Wohlfühltherme –
Moor · Wasser · Licht
Bad Lobenstein
Tel.: 03 66 51 / 39 390

Tauchen Sie ein in eine **einzigartige** Wellness–Welt und erleben Sie eine großzügige Bade- u. Saunalandschaft mit exklusiver **Moorsauna** sowie einen ausgedehnten Außenbereich mitten in Bad Lobenstein.

Öffnungszeiten:

Thermalbad	täglich	9.00 – 22.00 Uhr
Saunabereich	täglich	10.00 – 22.00 Uhr
Wellnessbereich u. Physiotherapie	täglich	7.00 – 20.00 Uhr

www.ardesia-therme.de

Stadtverwaltung Bad Köstritz
Heinrich-Schütz-Str. 4, 07586 Bad Köstritz
www.stadt-bad-koestritz.de, info@stadt-bad-koestritz.de
Telefon 03 66 05/88 10, Fax 03 66 05/22 24

Ihr Reiseplaner für Rad- und Bootstouren – Werratal Touristik e.V., Markt 9, 99817 Eisenach,
Telefon 0 36 91/7 92 30, Telefax 0 36 91/79 23 20,
E-Mail: info@werratal.de, www.werratal.de

Joseph-Meyer-Stadt Hildburghausen, Touristinformation
Markt 25 (historisches Rathaus), 98646 Hildburghausen,
Fon (0 36 85) 4 05 83, www.hildburghausen-info.de,
Mail: tourist-info@hildburghausen.de

400 000 Jahre Geschichte im Herzen Europas im Museum für Ur- und Frühgeschichte Thüringens

Interessant, anschaulich und spannend in Bild, Text, Grafik, Modell und lebensgroßen Figuren in Weimar in der Humboldtstr. 11 zwischen Goethehaus und Fürstengruft.

Öffnungszeiten.
Montag – Freitag :
9.00 – 17.00 Uhr
Samstag, Sonn- und Feiertags:
10.00 – 17.00 Uhr

APART-HOTEL WEIMAR

PREISWERT UND KOMFORTABEL ÜBERNACHTEN

Ideal gelegen für einen Trip um die Klassikerstadt Weimar und um deren Umgebung kennen zu lernen

Apart-Hotel Weimar
Berkaer Straße 75
99425 Weimar
Tel. 03643/812300

http://www.apart-hotel-weimar.de

Louisiana – das Restaurant mit der Südstaaten-Küche in Erfurt's Zentrum, Futterstr. 14, 99084 Erfurt, Tel. 0361/5688209
geöffnet: Mo-Do 11.30-24 Uhr, Fr+Sa 11.30-1 Uhr, So 10-24 Uhr
Sonntags American Brunch Buffet

In Vorbereitung

Hier mischen sich eine raue alpenländische Kulisse mit mediterraner Seenherrlichkeit. Dank dem milden Klima entfaltet sich eine üppige Vegetation vor dem Hintergrund schneebedeckter Gipfel. Aber auch kunsthistorische Schätze sind zu entdecken.

Sachsens Süden kann mit einem der schönsten deutschen Mittelgebirge aufwarten. Hier wechseln sich romantische Ritterburgen mit lieblichen Tälern und tiefen Wäldern ab. Im Winter heißt es im Land des Silbers und der Nussknacker vielerorts ›Ski und Rodel gut.‹

Herrliche Landschaften und eine faszinierende Kultur, wunderbare Unterkünfte und freundliche Menschen, hervorragendes Essen und eine Vielzahl an Sehenswürdigkeiten. Lassen Sie sich von der schottischen Lebensart inspirieren, entdecken Sie Ihr ureigenes Schottland!

Lieferbare Ausgaben

HB Bildatlas

Deutschland

227 Allgäu
198 Altmühltal
204 Bayerischer Wald
235 Berlin
235 Berlin (englische Ausgabe)
289 Bodensee
298 Brandenburg
296 Chiemgau · Berchtesgadener Land
274 Dresden · Sächsische Schweiz
256 Eifel · Aachen
260 Elbe und Weser · Bremen
303 Erzgebirge · Vogtland · Chemnitz
190 Fichtelgebirge · Frankenwald · Coburger Land
242 Frankfurt · Taunus · Rheingau
269 Fränkische Schweiz
253 Hamburg
263 Harz
188 Hessisches Bergland
234 Hunsrück · Naheland · Rheinhessen
233 Leipzig · Halle · Magdeburg
209 Lüneburger Heide
285 Mainfranken
179 Mecklenburgische Seen
240 Mecklenburg-Vorpommern
151 Mittelfranken
249 Mosel
165 München
255 Münsterland · Münster
281 Nordseeküste Schleswig-Holstein
196 Oberbayern zwischen Lech und Inn
271 Odenwald · Bergstraße
219 Osnabrücker Land · Emsland · Oldenburger Münsterland · Grafschaft Bentheim
211 Ostfriesland · Oldenburger Land
290 Ostseeküste Mecklenburg-Vorpommern
277 Ostseeküste Schleswig-Holstein
215 Pfalz
194 Potsdam · Havelland
243 Rhein zwischen Köln und Mainz
288 Rhön
208 Rügen · Usedom · Hiddensee
300 Ruhrgebiet
258 Sachsen
286 Sachsen-Anhalt
268 Sauerland
200 Schwäbische Alb
266 Schwarzwald · Norden
214 Spreewald · Lausitz · Märkisch-Oderland
247 Südlicher Schwarzwald
224 Sylt · Amrum · Föhr
182 Tauber und Neckar · Stuttgart · Heilbronn · Rothenburg
173 Teutoburger Wald · Ostwestfalen
261 Thüringen
301 Thüringer Wald
202 Trier
237 Weserbergland

Benelux

246 Amsterdam
187 Flandern · Brüssel
275 Niederlande

Frankreich

160 Atlantikküste
278 Bretagne
217 Burgund
225 Côte d'Azur · Monaco
222 Elsass
221 Korsika
295 Normandie
229 Paris
192 Provence
184 Südfrankreich · Languedoc-Roussillon

Griechenland

193 Athen · Peloponnes
189 Korfu · Ionische Inseln
228 Kreta
166 Zypern

Grossbritannien · Irland

294 Irland
197 Kanalinseln
175 London
231 Nordengland
304 Schottland
241 Südengland
216 Wales

Italien · Malta · Kroatien

195 Adriaküste · Emilia-Romagna
239 Gardasee · Trentino
156 Golf von Neapel · Kampanien
265 Italienische Riviera
282 Italien · Norden
238 Kroatische Adriaküste
254 Malta
210 Mittelitalien: Marken · Umbrien · Abruzzen
270 Oberitalienische Seen · Mailand
230 Piemont · Aostatal
226 Rom
264 Sardinien
232 Sizilien
201 Süditalien: Apulien · Basilikata
207 Südtirol
267 Toskana
181 Venedig · Venetien · Friaul · Triest

Mittel- und Osteuropa

292 Baltikum
164 Böhmen
280 Bulgarien
283 Danzig · Ostsee · Masuren
248 Prag
291 St. Petersburg
244 Südpolen
297 Ungarn

Österreich

162 Burgenland
293 Kärnten
199 Niederösterreich · Wachau
218 Oberösterreich
220 Salzburger Land · Salzkammergut · Salzburg
174 Tirol
206 Wien

Schweiz

302 Tessin
191 Westschweiz

Spanien · Portugal

236 Algarve · Lissabon
223 Andalusien
287 Barcelona
150 Costa Blanca
262 Costa Brava
176 Gran Canaria · Fuerteventura · Lanzarote
213 Ibiza · Menorca
259 Kanarische Inseln
245 Lanzarote
212 Mallorca
203 Nordportugal
205 Nordspanien
177 Teneriffa · La Palma · Gomera · Hierro

Skandinavien

183 Bornholm
279 Dänemark
186 Jütland
180 Nordnorwegen
276 Norwegen · Süden
169 Südfinnland · Helsinki
250 Südschweden · Stockholm

Türkei

252 Türkische Mittelmeerküste

Außereuropäische Ziele

273 Australien Osten · Sydney
284 China
251 Kanadas Westen
299 Neuseeland
272 New York
257 Südafrika

HB Bildatlas Special

Afrika · Naher Osten

67 Ägypten
64 Arabien: V. A. Emirate · Oman · Kuwait · Qatar · Bahrain
52 Indischer Ozean: Madagaskar · Mauritius · La Réunion · Seychellen · Komoren
72 Marokko
61 Namibia
71 Tunesien · Libyen

Australien

45 Australien: Westen

Europa

54 Madeira · Azoren · Kapverden

Süd- und Südostasien · Ferner Osten

12 Bali · Lombok · Java
10 Hongkong
53 Indien: Rajasthan · Delhi · Agra
69 Philippinen
49 Südkorea
70 Thailand
36 Vietnam

Süd- und Mittelamerika · Karibik

44 Argentinien
57 Chile
55 Dominikanische Republik · Haiti
63 Ecuador und Galápagos-Inseln
60 Jamaika
65 Kleine Antillen: Antigua · Guadeloupe · Martinique · Barbados u. a.
73 Mexiko
51 Peru

USA · Kanada

58 Alaska
62 Florida
2 Kalifornien
68 Las Vegas · Grand Canyon
46 Neuengland · Boston
56 Nordwesten: Washington · Oregon
66 Route 66
26 Südwesten: Nevada · Utah · Arizona · New Mexico
59 Texas

HB Bildatlas Sonderausgaben

24 Ski-Special Alpen 2007
25 Alpen Special 2007